W0111109

SANDRA BIENEK · INA THELEN

LÄSSIGE RUCKSÄCKE

einfach selbst genäht

DAS ULTIMATIVE MUST-HAVE
FÜR JEDE GELEGENHEIT

INHALT

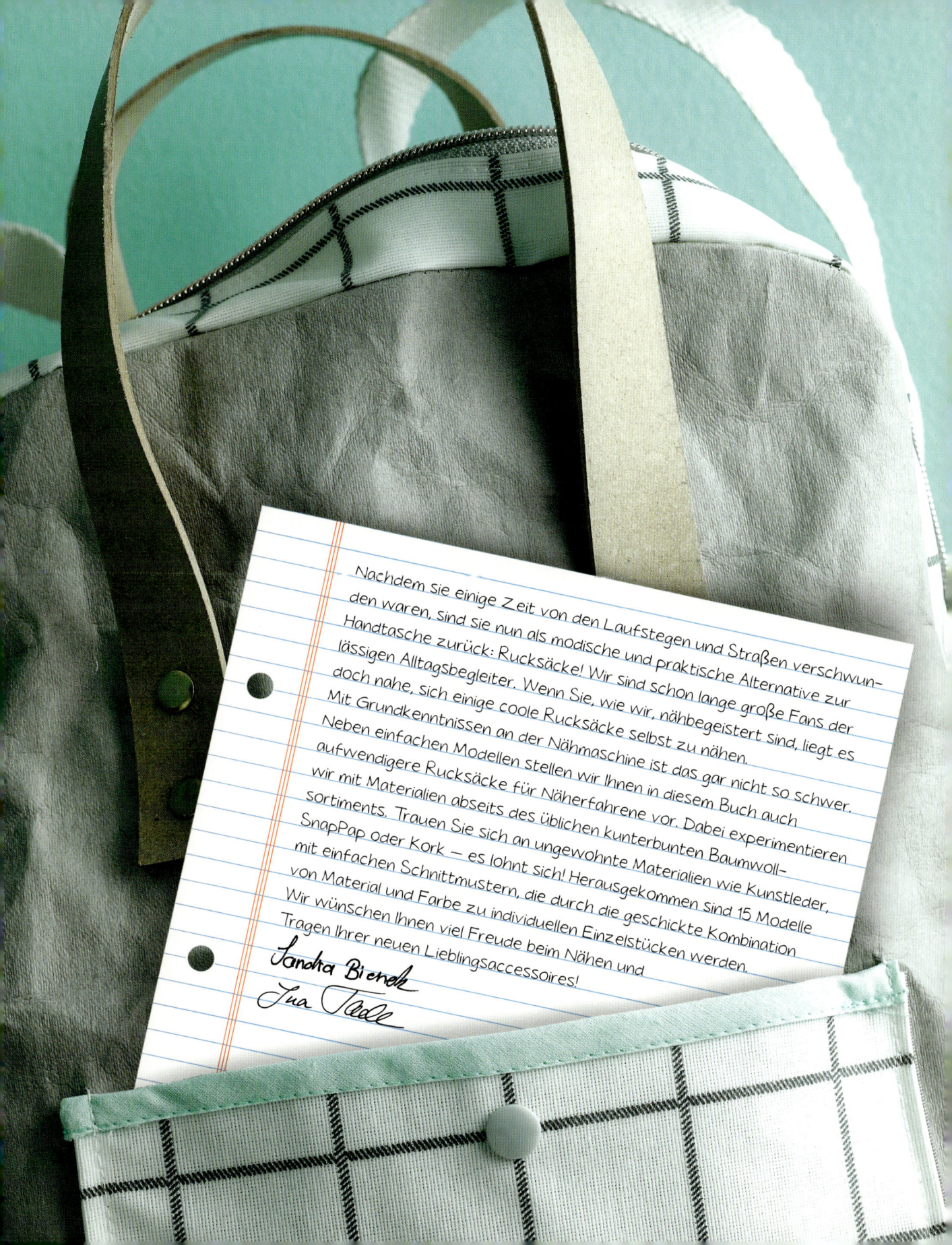

Nachdem sie einige Zeit von den Laufstegen und Straßen verschwunden waren, sind sie nun als modische und praktische Alternative zur Handtasche zurück: Rucksäcke! Wir sind schon lange große Fans der lässigen Alltagsbegleiter. Wenn Sie, wie wir, nähbegeistert sind, liegt es doch nahe, sich einige coole Rucksäcke selbst zu nähen.

Mit Grundkenntnissen an der Nähmaschine ist das gar nicht so schwer. Neben einfachen Modellen stellen wir Ihnen in diesem Buch auch aufwendigere Rucksäcke für Näherfahrene vor. Dabei experimentieren wir mit Materialien abseits des üblichen kunterbunten Baumwollsortiments. Trauen Sie sich an ungewohnte Materialien wie Kunstleder, SnapPap oder Kork — es lohnt sich! Herausgekommen sind 15 Modelle mit einfachen Schnittmustern, die durch die geschickte Kombination von Material und Farbe zu individuellen Einzelstücken werden.

Wir wünschen Ihnen viel Freude beim Nähen und Tragen Ihrer neuen Lieblingsaccessoires!

Sandra Biendel

Ina Teede

DOTS & STRIPES

Kurierrucksack mit viel Stauraum

SCHWIERIGKEITSGRAD ⊞⊞⊡

GRÖSSE
40 cm x 46 cm (offen 40 cm x 60 cm)

SCHNITTMUSTERBOGEN 1A + 1B

MATERIAL

- Oberstoff 1: Wachstuch in Natur gepunktet, 140 cm breit, 80 cm
- Oberstoff 2: Kunstleder in Silber, 140 cm breit, 30 cm
- Futter: Baumwollstoff in Koralle, 140 cm breit, 65 cm
- Vlieseinlage: Vlieseline H 250, 90 cm breit, 45 cm
- Gurtband in Grau, 40 mm breit, 2,60 m lang
- Paspel in Rot, 4 mm breit, 90 cm lang
- Klettband in Rot, 20 mm breit, 45 cm lang
- 2 Leiterschnallen, 40 mm breit
- 2 Vierkantringe, 40 mm breit

HINWEIS   Für die Verarbeitung von Wachstuch und Kunstleder empfiehlt sich die Nutzung eines Teflonfußes. Alternativ können Sie die Unterseite eines herkömmlichen Nähmaschinenfußes mit Washitape bekleben oder Sie legen vor dem Nähvorgang Seidenpapier auf die Naht.

ZUSCHNITT

Alle Teile mit 1 cm Nahtzugabe zuschneiden, ausgenommen die Schnittteile, deren Maße angegeben sind.

✂ **Oberstoff 1**
   1x Vorderteil
   1x Rückteil 1
   1x Vordertasche
   2x Beleg Vorder- und Rückteil
   1x Beleg Tasche

✂ **Oberstoff 2**
   1x Boden (im Stoffbruch)
   1x Rückteil 2
   1x Einfassung für das Gurtband, 4,5 cm x 9 cm

✂ **Futter**
   2x Futterteil

✂ **Vlieseinlage**
   1x Rückteil 1

Ruckzuck geöffnet und trotzdem sicher mit Klettverschluss im Rücken

Wahres
Stauraum-
wunder

ANLEITUNG

1 Ein 12 cm langes Stück Klettband zurechtschneiden und teilen. Den Flausch- und den Hakenteil jeweils mittig auf die rechte Stoffseite der beiden Belege 1 steppen. Die Belege jeweils rechts auf rechts an die Oberkanten von Vorder- und Rückteil aus Futterstoff nähen. Vorder- und Rückteil aus Futterstoff rechts auf rechts zusammennähen, dabei an einer Seite eine 20 cm lange Wendeöffnung lassen. Die Ecken am Boden auseinanderziehen, sodass Seiten- und Bodennaht aufeinanderliegen und ein Dreieck entsteht. 6 cm von der Spitze aus gemäß Markierung im rechten Winkel zu Seiten- und Bodennaht absteppen. Die abgenähten Enden auf 1 cm zurückschneiden.

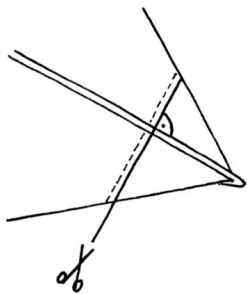

2 Für die vordere Verschlusslasche ein 40 cm langes Stück Gurtband, sowie ein 11,5 cm langes Stück Klettband zurechtschneiden. Das Klettband teilen und das Hakenteil 5 cm vom oberen Ende entfernt auf das Gurtband nähen. Die Einfassung für das Gurtband aus Oberstoff 2 quer links auf links falten, um das Ende der Verschlusslasche legen und im Quadrat und Kreuz knappkantig feststeppen.

3 Für die Vordertasche ein 20 cm langes Stück Klettband zurechtschneiden und teilen. Den Flauschteil mittig auf die rechte Stoffseite von Beleg 2 nähen. Das Hakenteil mit dem Gurtband aus Schritt 2 darunterliegend gemäß Markierung auf das Vorderteil aus Oberstoff 1 steppen.

4 Ein 42 cm langes Stück Paspel zurechtschneiden und auf die rechte Stoffseite der Oberkante der Vordertasche nähen. Beleg 2 rechts auf rechts entlang der Paspelnaht an die Oberkante der Vordertasche nähen und die Naht von rechts knappkantig absteppen. Die Vordertasche links auf rechts gemäß Markierung innerhalb der Nahtzugabe auf das Vorderteil aus Oberstoff 1 nähen.

5 Ein 44 cm langes Stück Paspel zurechtschneiden und oben auf die rechte Stoffseite des Bodens nähen. Vorderteil aus Oberstoff 1 und Boden rechts auf rechts auf der Paspelnaht zusammennähen, dabei die Vordertasche mitfassen. Die Naht von rechts knappkantig absteppen.

6 Für die hintere Verschlusslasche ein 33 cm langes Stück Gurtband zurechtschneiden und das 11,5 cm lange Stück Flauschband aus Schritt 2 5 cm vom oberen Ende entfernt auf das Gurtband nähen. Das Gurtband mit dem Klettband unten liegend in der Mitte gemäß Markierung an der Oberkante von Rückteil 1 auf die rechte Stoffseite nähen. Das Gurtband zur Schlaufe legen, das untere Ende 1 cm umschlagen und die Schlaufe im Quadrat und Kreuz zusammensteppen (siehe Detailfoto Seite 4).

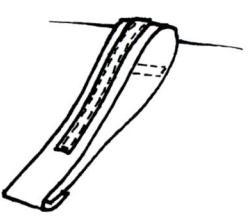

7 Die Vlieseinlage gemäß Herstelleranleitung auf das Rückteil 1 bügeln. Für die Träger zwei 85 cm lange Stücke Gurtband zurechtschneiden und gemäß Markierung oben auf der rechten Stoffseite von Rückteil 1 innerhalb der Nahtzugabe mit geradem Stich fixieren. Für die Trägerhalterungen zwei 8 cm lange Stücke Gurtband zurechtschneiden, die Stücke jeweils in einen Vierkantring fädeln, zur Schlaufe legen und gemäß Markierung unten auf der rechten Stoffseite von Rückteil 1 innerhalb der Nahtzugabe mit geradem Stich fixieren.

8 Je eine Leiterschnalle auf die Träger ziehen. Die Trägerenden Enden unten durch einen Vierkantring fädeln, von unten um den Mittelsteg der Leiterschnallen legen, die Enden 1 cm umschlagen und feststeppen.

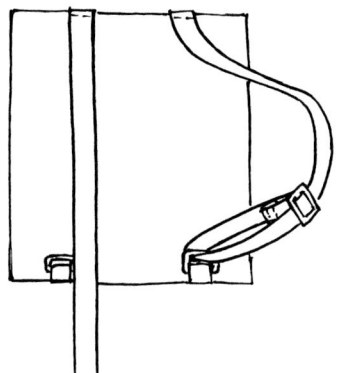

9 Rückteil 1 an der Oberkante mit Rückteil 2, an der Unterkante mit dem Boden auf der Paspelnaht rechts auf rechts zusammennähen, dabei die Träger und Trägerhalterungen aus Gurtband mitfassen. Die Nahtzugabe nach unten legen und die Nähte auf dem Bodenteil aus Oberstoff 2 von rechts knappkantig absteppen.

10 Das Rucksackteil aus Oberstoff rechts auf rechts mittig falten, sodass die oberen Kanten bündig aufeinanderliegen, und an den Seiten zusammennähen. Wie in Schritt 1 die Ecken am Boden auseinanderziehen, sodass Seiten- und Bodennaht aufeinanderliegen und ein Dreieck entsteht. 6 cm von der Spitze aus gemäß Markierung im rechten Winkel zu Seiten- und Bodennaht absteppen. Die abgenähten Enden auf 1 cm zurückschneiden und die Arbeit wenden.

11 Die Rucksackteile aus Oberstoff und Futterstoff rechts auf rechts ineinanderschieben und verstürzen. Den Rucksack wenden und die Naht knappkantig absteppen. Die Nahtzugaben der Wendeöffnung im Futter einschlagen und die Wendeöffnung von rechts knappkantig mit geradem Stich schließen.

GROSSE KARO-LIEBE

Aufregende Optik durch karierte Akzente

SCHWIERIGKEITSGRAD ⊞⊞⊞

GROSSE
30 cm x 39 cm

SCHNITTMUSTERBOGEN 1A

MATERIAL

- Oberstoff 1: SnapPap in Grau,
  150 cm breit, 50 cm
- Oberstoff 2: Wachstuch in Weiß-Grau
  kariert, 140 cm breit, 85 cm
- Futter: Baumwollstoff in Gelb,
  140 cm breit, 85 cm
- Gurtband, 25 mm breit, 2 m lang
- Reißverschluss in Grau, 34 mm breit,
  50 cm lang
- ReLeda-Streifen in Hellbraun,
  25 mm breit, 1,40 m lang
- Schrägband in Mint, 13 mm breit,
  25 cm lang
- 2 Leiterschnallen, 25 mm breit
- 8 Buchschrauben in Messing, ø 5 mm
- KamSnap in Weiß und Mint,
  ø 12,4 mm

HINWEIS Für die Verarbeitung von Wachstuch empfiehlt sich die Nutzung eines Teflonfußes. Alternativ können Sie die Unterseite eines herkömmlichen Nähmaschinenfußes mit Washitape bekleben oder Sie legen vor dem Nähvorgang Seidenpapier auf die Naht. Anstatt SnapPap können Sie als Oberstoff 1 auch festes Kunstleder, Wachstuch oder Korkstoff verwenden.

ZUSCHNITT

Alle Teile mit 1 cm Nahtzugabe zuschneiden, ausgenommen das Dreieck für die Träger und die oberen Kanten der Vordertaschenteile; diese ohne Nahtzugabe zuschneiden.

✄ **Oberstoff 1**
  1x Vorderteil
  1x Rückteil
  1x Dreieck für die Träger

✄ **Oberstoff 2**
  2x Seitenteil (im Stoffbruch)
  4x Reißverschlussblende
  2x Vordertasche

✄ **Futter**
  1x Vorderteil
  1x Rückteil

Raffinierte
Lösung,
um Träger
zu fixieren

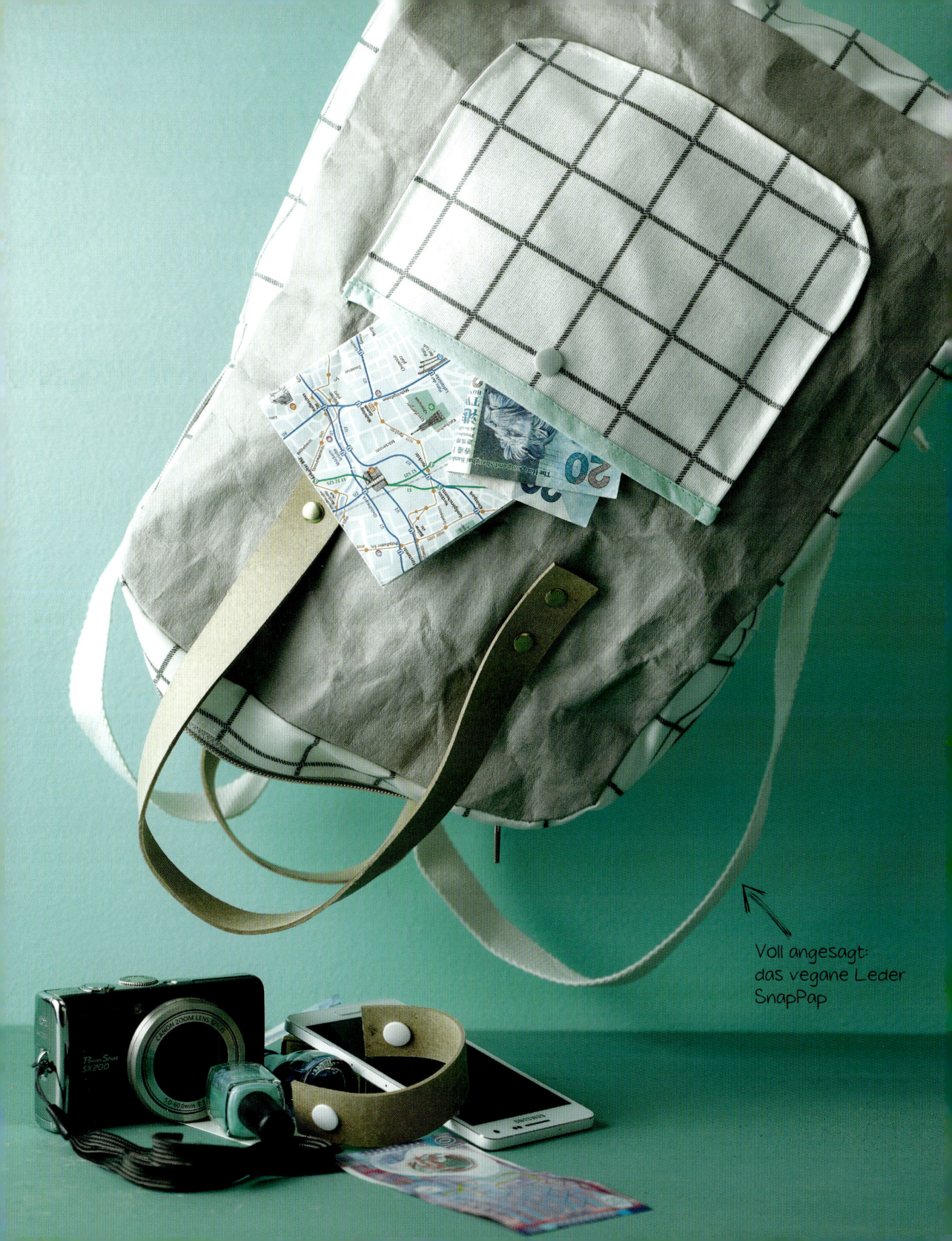

Voll angesagt:
das vegane Leder
SnapPap

ANLEITUNG 〰〰〰〰〰〰〰〰〰〰〰〰〰〰〰〰〰〰

HINWEIS Die Teile aus SnapPap nach dem Zuschnitt unmittelbar vor der Verarbeitung in der Waschmaschine ohne Waschmittel im Programm „Spülen und Schleudern" waschen. Danach ist das Material geschmeidig und lässt sich leichter verarbeiten als in trockenem, starrem Zustand. Verarbeiten Sie das SnapPap, solange es feucht ist. Den Rucksack nach der Fertigstellung an den Henkeln zum Trocknen aufhängen.

1 Die beiden Vordertaschenteile an den Seiten und am Boden rechts auf rechts zusammennähen. Die Nahtzugabe bis vor die Naht zurückschneiden. Die Tasche wenden und die Rundungen ausmodellieren. Die Enden des Schrägbands jeweils 1,5 cm umbügeln und die Oberkante der Vordertasche mit dem Schrägband einfassen. Den oberen Teil des KamSnaps in Mint gemäß Herstelleranleitung und Markierung an der Vordertasche, den unteren Knopfteil am Vorderteil aus Oberstoff 1 anbringen. Die Vordertasche gemäß Markierung auf die rechte Stoffseite des Vorderteils aus Oberstoff steppen.

2 Mit Hilfe einer Lochzange gemäß Markierung je vier Löcher für die Buchschrauben in Vorder- und Rückteil aus Oberstoff 1 stanzen.

3 Ein 1,75 m langes Stück Gurtband zurechtschneiden. Das Band mittig so falten, dass eine dreieckige Schlaufe entsteht und beide Gurtbandenden nebeneinander liegen. Die Schlaufe gemäß Markierung auf der rechten Stoffseite des Rückteils aus Oberstoff 1 rundherum knappkantig im Dreieck feststeppen. Das Dreieck für die Träger gemäß Markierung darüber positionieren und rundherum knappkantig feststeppen (siehe Detailfoto Seite 8).

4 Zwei 11 cm lange Stücke Gurtband zurechtschneiden. Ein Bandende von unten um den Mittelsteg der Leiterschnallen legen und 5 cm umschlagen. Das andere Ende 1 cm umschlagen. Das Gurtband mit den eingeschlagenen Enden nach unten gemäß Markierung im Viereck und im Kreuz unten auf die rechte Stoffseite des Rückteils steppen.

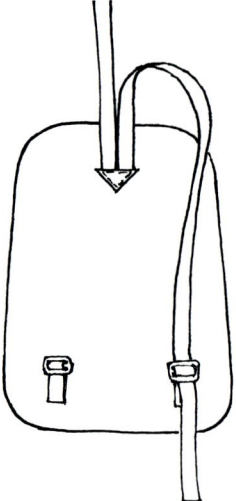

5 Je zwei Reißverschlussblenden aus Oberstoff 2 rechts auf rechts legen. Den Reißverschluss jeweils ganz dazwischen legen und eine nach der anderen Kante einnähen. Die Blenden links auf links auseinanderfalten und die Nähte von rechts knappkantig absteppen.

6 Die Reißverschlussblenden nacheinander mit den Seitenteilen an den Schmalseiten bis vor die Nahtzugabe rechts auf rechts zusammennähen und somit zum Ring schließen.

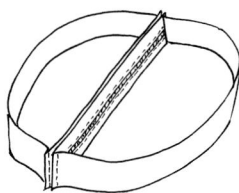

7 Den Ring aus Seitenteil und Rucksackblende nacheinander mit den entsprechenden Vorderteilen aus Futter- und Oberstoff 1 rechts auf rechts zusammennähen. Den Reißverschluss zum späteren Wenden des Oberstoffs öffnen.

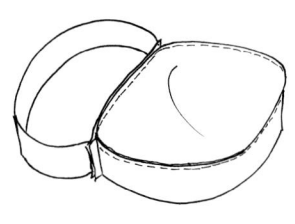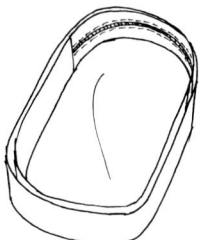

8 Nun den Ring nacheinander wie in Schritt 7 mit den entsprechenden Rückteilen aus Futter- und Oberstoff 1 rechts auf rechts zusammennähen, dabei beim Futterteil an einer Seite eine 30 cm lange Wendeöffnung lassen.

9 Für die Henkel zwei 50 cm und vier 5 cm lange Stücke ReLeda zurechtschneiden. Mit Hilfe einer Lochzange in alle Teile jeweils 1,5 cm von den Enden entfernt im Abstand von 2,5 cm zwei Löcher stanzen. Die oberen Teile der Buchschrauben in die Löcher der beiden Henkel und über die Wendeöffnung in die entsprechenden Löcher von Vorder- und Rückteil aus Oberstoff 1 stecken. Die Enden mit je einem kurzen Stück ReLeda hinterlegen und die Buchschrauben befestigen.

10 Die Nahtzugaben an den Rundungen bis 3 mm vor die Naht zurückschneiden. Den Rucksack wenden und die Rundungen und Nähte ausmodellieren. Die Nahtzugabe der Wendeöffnung im Futter einschlagen und die Wendeöffnung von rechts knappkantig mit geradem Stich schließen.

11 Die Trägerenden auf die Leiterschnallen fädeln, 3 cm umschlagen und knappkantig mit Quadrat und Kreuz feststeppen.

12 Für den Henkelclip ein 16 cm langes Stück ReLeda zurechtschneiden. Die beiden Teile des KamSnaps in Weiß jeweils 1,5 cm vom Rand entfernt mittig jeweils gemäß Herstelleranleitung anbringen. Den Clip um die Henkel legen und schließen.

METALLIC BEAUTY

Aus Kunstleder in absoluten Trendfarben

SCHWIERIGKEITSGRAD ⊞ ⊞ ⊞

GROSSE
32 cm x 39 cm

SCHNITTMUSTERBOGEN 1A

MATERIAL

- Oberstoff 1: Kunstleder in Silber, 140 cm breit, 45 cm
- Oberstoff 2: Kunstleder in Kupfer, 140 cm breit, 45 cm
- Oberstoff 3: Kunstleder in Mint, 140 cm breit, 45 cm
- Futter: Baumwollstoff in Mint, 140 cm breit, 45 cm
- Gurtband, 25 mm breit, 2 m lang
- 2 Leiterschnallen, 25 mm breit
- 3 Vierkantringe, 25 mm breit
- 1 Druckknopf in Kupfer, ø 15 mm

HINWEIS Für die Verarbeitung von Kunstleder empfiehlt sich die Nutzung eines Teflonfußes. Alternativ können Sie die Unterseite eines herkömmlichen Nähmaschinenfußes mit Washitape bekleben oder Sie legen vor dem Nähvorgang Seidenpapier auf die Naht. Anstatt Kunstleder können Sie als Oberstoff auch feste Webware oder Korkstoff verwenden.

ZUSCHNITT

Alle Teile mit 1 cm Nahtzugabe zuschneiden, ausgenommen der Riegel und die Schnittteile, bei denen die Maße angegeben sind.

✂ Oberstoff 1
1x Vorderteil
1x Rückteil
1x Klappe
1x Riegel
2x Dreieck für die Trägerhalterung
1x Streifen für den Henkel, 2,5 cm x 30 cm
2x Streifen für die Träger, 2,5 cm x 75 cm
3x Streifen für die Halterung, 2,5 cm x 6 cm

✂ Oberstoff 2
1x Klappe
1x Vordertasche 1

✂ Oberstoff 3
1x Vordertasche 2

✂ Futter
1x Vorderteil
1x Rückteil

Wow — Metallic all over!

Hinter der
Klappe ver-
steckt: eine
praktische
Außentasche

ANLEITUNG

1 Vorder- und Rückteil aus Futterstoff an den Seiten und am Boden rechts auf rechts zusammennähen, dabei an einer Seite eine 20 cm lange Wendeöffnung lassen.

2 Vordertasche 1 und 2 gemäß Markierung rechts auf rechts zusammennähen. Die Nahtzugaben der schrägen Kanten einschlagen und die Naht und Kanten knappkantig absteppen. Die Vordertasche innerhalb der Nahtzugabe links auf rechts auf das Vorderteil aus Oberstoff 1 steppen. Das Unterteil des Druckknopfs gemäß Herstelleranleitung und Markierung anbringen.

3 Die Klappenteile aus Oberstoff 1 und 2 rechts auf rechts zusammennähen, dabei die obere Kante als Wendeöffnung offen lassen. Die Nahtzugabe an der Spitze bis knapp vor die Naht zurückschneiden. Die Klappe wenden, die Spitze ausmodellieren und die Naht knappkantig absteppen. Die Oberseite des Druckknopfes gemäß Herstelleranleitung und Markierung durch beide Lagen an der Klappe aus Oberstoff anbringen.

4 Aus dem Gurtband für den Henkel ein 30 cm langes, für die Träger zwei 75 cm lange und für die Halterungen drei 6 cm lange Stücke zurechtschneiden, jeweils unter die entsprechenden Teile aus Oberstoff 1 legen und beide Lagen zusammennähen.

5 Die Halterung des Henkels in einen Vierkantring fädeln und mit dem Gurtband nach innen zur Schlaufe legen. Die Klappe mit der Unterseite, die Halterung des Henkels sowie die Träger gemäß Markierungen mit Wondertape auf der rechten Stoffseite des Rückteils aus Oberstoff 1 fixieren. Darüber den Riegel fixieren und alles rundherum feststeppen (siehe Detailfoto Seite 15).

6 Den Henkel auf links durch den Vierkantring der Halterung fädeln, mit dem Gurtband nach außen zur Schlaufe legen und die Enden zusammennähen. Den Henkel wenden und 2 cm über dem Vierkantring mit geradem Stich absteppen.

7 Für die Trägerhalterungen die restlichen 6 cm langen Stücke Gurtband mit Oberstoff jeweils auf einen Vierkantring fädeln und zur Schlaufe legen. Die Schlaufen gemäß Markierung auf der rechten Stoffseite der Dreiecke innerhalb der Nahtzugabe mit geradem Stich fixieren. Die Dreiecke rechts auf rechts mittig falten und an der schmalen Kante zusammensteppen. Dabei das Gurtband mitfassen. Die Dreiecke wenden und die Naht und Bruchkante knappkantig absteppen. Die Dreiecke gemäß Markierung rechts auf rechts mit der Spitze nach innen zeigend seitlich auf der rechten Stoffseite des Rückteils aus Oberstoff 1 innerhalb der Nahtzugabe mit geradem Stich fixieren.

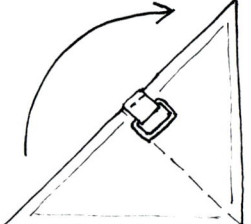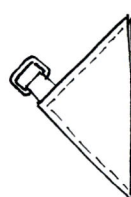

8 Rucksackvorderteil und Rückteil aus Oberstoff 1 rechts auf rechts an den Seiten und am Boden zusammennähen. Das Rucksackteil aus Oberstoff und das Futter rechts auf rechts ineinanderschieben und verstürzen. Den Rucksack wenden. Die Naht ringsherum knappkantig absteppen. Die Nahtzugaben an der Wendeöffnung im Futter einschlagen und die Wendeöffnung von rechts knappkantig mit geradem Stich schließen.

9 Je eine Leiterschnalle auf einen Träger ziehen. Die Trägerenden jeweils durch einen Vierkantring fädeln, von unten um den Mittelsteg der Leiterschnalle legen, 1 cm umschlagen und feststeppen.

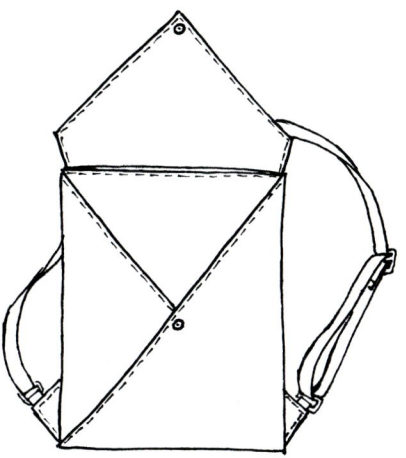

ADVENTURE TIME

Perfekt für Outdoor-Abenteuer

SCHWIERIGKEITSGRAD ✢✢✢

GROSSE
39 cm x 42 cm

SCHNITTMUSTERBOGEN 1A

MATERIAL

- Oberstoff 1: Outdoorstoff in Grau, 140 cm breit, 90 cm
- Oberstoff 2: Canvas in Rosa, 140 cm breit, 35 cm
- Futter: Baumwollstoff in Mint, 140 cm breit, 50 cm
- Vlieseinlage: Style-Vil Polstereinlage, 90 cm breit, 45 cm
- Gurtband in Gelb, 25 mm breit, 1,55 m lang
- Gurtband in Gelb, 40 mm breit, 90 cm lang
- Paspel in Mint, 4 mm breit, 80 cm lang
- Kordel in Mint, ø 5 mm, 1,40 m lang
- 2 Leiterschnallen, 40 mm breit
- 2 D-Ringe, 25 mm breit
- 2 Taschenkarabiner, 25 mm breit
- 6 Ösen, ø 8 mm
- 2 Kordelenden in Gunmetal, ø 5 mm

HINWEIS Anstatt Outdoorstoff können Sie als Oberstoff 1 und 2 auch feste Webware, festes Kunstleder, Wachstuch oder Korkstoff verwenden.

ZUSCHNITT

Für Vorder- und Rückteil aus Futterstoff ein Extraschnittmuster aus dem entsprechenden Schnittmuster herauskopieren.

Alle Teile inkl. Vlieseinlage mit 1 cm Nahtzugabe zuschneiden, ausgenommen die Schnittteile, bei denen die Maße angegeben sind.

✂ **Oberstoff 1**
   1x Vorderteil (im Stoffbruch)
   1x Rückteil
   1x Boden
   1x Klappe
   2x Streifen für die Träger 10 cm x 49 cm
   2x Dreieck für die Trägerhalterung

✂ **Oberstoff 2**
   1x Klappe

✂ **Futter**
   1x Vorderteil (im Stoffbruch)
   1x Rückteil
   1x Boden

✂ **Vlieseinlage**
   1x Rückteil
   1x Boden
   2x Streifen für die Träger 3,5 cm x 44 cm

Sportlicher Schnürsenkel-Look

Macht garantiert
alles mit!

ANLEITUNG

1 Vorder- und Rückteil aus Futterstoff rechts auf rechts an den Seiten und anschließend mit dem Boden zusammennähen, dabei an einer Seite eine 20 cm lange Wendeöffnung lassen.

2 Rückteil und Boden aus Vlieseinlage rundherum innerhalb der Nahtzugabe auf die linke Stoffseite der entsprechenden Teile aus Oberstoff 1 steppen.

3 Von dem 40 mm breiten Gurtband zwei je 8 cm lange Stücke zurechtschneiden. Die Gurtbandstücke jeweils um den Mittelsteg einer Leiterschnalle fädeln und zur Schlaufe legen. Die Schlaufen gemäß Markierung auf der rechten Stoffseite der Dreiecke innerhalb der Nahtzugabe mit geradem Stich fixieren. Die Dreiecke rechts auf rechts mittig falten und an der schmalen Kante zusammensteppen, dabei das Gurtband mitfassen. Die Dreiecke wenden und Naht und Bruchkante knappkantig absteppen. Die Dreiecke gemäß Markierung mit der Spitze nach innen zeigend innerhalb der Nahtzugabe auf der rechten Stoffseite des Rückteils mit geradem Stich fixieren.

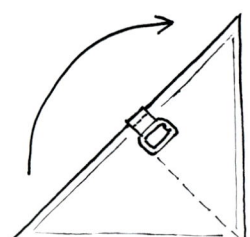 

4 Die Kordel in zwei 70 cm lange Stücke schneiden. Aus einem Rest Oberstoff 1 zwei je 2 cm x 3 cm große Rechtecke zuschneiden. Die beiden Kordelstücke auf der rechten Stoffseite des Rückteils gemäß Markierung oben mit einem Ende anlegen (das andere Ende zeigt nach außen), ein Stoffrechteck links auf rechts darüberlegen, mit Stecknadeln fixieren und rundherum feststeppen, dabei die Kordel mitfassen.

5 An den beiden Stoffstreifen für die Träger aus Oberstoff 1 die untere schmale Kante 1 cm umbügeln, die Streifen jeweils rechts auf rechts der Länge nach falten und an der offenen Längsseite zum Schlauch zusammennähen. Die Träger wenden. Je einen Trägerstreifen aus Vlieseinlage bis 4 cm vor dem oberen Ende in die Träger einziehen.

6 Von dem 40 mm breiten Gurtband zwei je 35 cm lange Stücke zurechtschneiden. Die Stücke jeweils 3 cm weit in die untere Öffnung der Träger schieben und knappkantig mit einem Rechteck und Kreuz feststeppen. Die Träger einmal der Länge nach mittig absteppen.

7 Die Abnäher der Klappen aus Oberstoff 1 und 2 nähen und nach unten bügeln. Die Paspel rundherum auf die rechte Stoffseite der Klappe aus Oberstoff 1 steppen. Von dem 25 mm breiten Gurtband zwei je 42 cm lange Stücke zurechtschneiden. Die Stücke gemäß Markierungen auf der rechten Stoffseite der Klappe aus Oberstoff 2 fixieren, dabei unten 10 cm überstehen lassen. Die Gurtbänder rundherum knappkantig bis 5 mm vor die untere Nahtzugabe annähen. Beide Klappenteile rechts auf rechts auf der Paspelnaht zusammennähen, dabei oben eine 17 cm lange Wendeöffnung lassen und die Gurtbänder nicht mitfassen. Die Klappe wenden. Die Nahtzugaben der Wendeöffnung nach innen bügeln.

8 Von dem 25 mm breiten Gurtband ein 24 cm langes Stück für den Henkel zurechtschneiden. Dessen Enden und die oberen Enden der Träger gemäß Markierung 2 cm weit in die Wendeöffnung der Klappe schieben und mit Stoffklammern fixieren. Die Klappe gemäß Markierung auf das Rückteil steppen. Dabei die Wendeöffnung schließen und die Enden mitfassen.

9 Die gepolsterten Träger 4 cm weit auf die Klappe umschlagen und mit geradem Stich und doppelter Naht feststeppen.

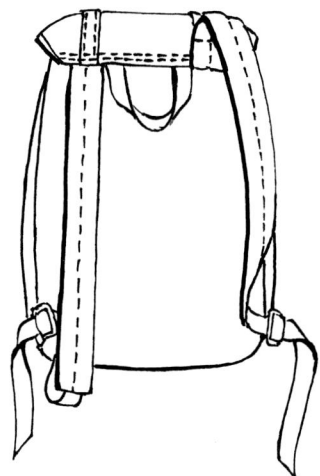

10 Die Taschenkarabiner auf die Gurtbänder an der Klappe fädeln. Die Enden 4 cm einschlagen, auf der Unterseite der Klappe mit Nadeln fixieren und mit einem Quadrat und Kreuz von der Oberseite der Klappe aus feststeppen (siehe Foto Seite 17).

11 Von dem 25 mm breiten Gurtband zwei 23 cm lange Stücke zurechtschneiden. Die Stücke an einem Ende 3 cm weit auf einen D-Ring fädeln, zur Schlaufe legen und gemäß Markierung knappkantig rundherum unten auf die rechte Stoffseite des Vorderteils steppen. Dabei die eingelegten Enden mitfassen.

12 Vorder- und Rückteil aus Oberstoff 1 rechts auf rechts an den Seiten und anschließend mit dem Boden zusammennähen.

13 Das Rucksackteil aus Oberstoff und das Futter rechts auf rechts ineinanderschieben und verstürzen. Den Rucksack wenden. Das Teil aus Oberstoff 1 gemäß Markierung 4 cm ins Innere des Rucksacks schieben und die Bruchkante knappkantig absteppen. Die Nahtzugaben an der Wendeöffnung im Futter einschlagen und die Wendeöffnung von rechts knappkantig mit geradem Stich schließen.

14 Die Ösen gemäß Herstelleranleitung und Markierungen durch beide Lagen Oberstoff 1 anbringen. Die Kordeln durchfädeln. Die Kordelenden auffädeln und die Enden verknoten.

15 Die beiden Gurtbänder der Träger durch die Leiterschnallen fädeln, die Enden 4 cm umschlagen und mit einem Quadrat und Kreuz festnähen.

COMIC-STYLE

Freches Wachstuch für den Kindergarten

SCHWIERIGKEITSGRAD ⊕ ⊕ ⊕

GRÖSSE
20 cm x 34 cm (offen 20 cm x 47 cm))

SCHNITTMUSTERBOGEN 1B

MATERIAL

- Oberstoff 1: Outdoorstoff in Mint, 140 cm breit, 40 cm
- Oberstoff 2: Wachstuch in Rosa gemustert, 140 cm breit, 40 cm
- Futterstoff: Baumwollstoff in Gelb, 140 cm breit, 50 cm
- Gurtband in Mint, 25 mm breit, 2,00 m lang
- Paspel in Gelb, 4 mm breit, 35 cm lang
- Schrägband in Anthrazit, 13 mm breit, 65 cm lang
- Klettband in Hellgrau, 20 mm breit, 7 cm lang
- 2 Leiterschnallen, 25 mm breit
- Steckschnalle, 25 mm breit

HINWEIS Anstatt Outdoorstoff können Sie auch feste Webware, Wachstuch oder Korkstoff als Oberstoff 1 verwenden.

ZUSCHNITT

Alle Teile mit 1 cm Nahtzugabe zuschneiden, ausgenommen die oberen Ränder von Vorder- und Rückteil 2 aus Oberstoff 1 sowie des Futters; diese werden mit Schrägband eingefasst.

✂ **Oberstoff 1**
   1x Vorderteil 2
   1x Rückteil 1
   1x Rückteil 2
   2x Dreieck für die Trägerhalterung

✂ **Oberstoff 2**
   1x Vorderteil 1

✂ **Futterstoff**
   1x Vorderteil
   1x Rückteil

Im Inneren wird es richtig knallig.

So witzig:
Wachstuch mit
Comic-Motiven

1 Vorder- und Rückteil aus Futterstoff rechts auf rechts an den Seiten und am Boden zusammennähen.

2 Ein 12 cm langes Stück Gurtband zurechtschneiden. Den unteren Teil der Steckschnalle auf dieses Gurtbandstück fädeln, das Band zur Schlaufe legen und gemäß Markierung unten auf der rechten Stoffseite des Vorderteils 2 aus Oberstoff 2 mit geradem Stich fixieren.

3 Vorderteil 1 und Vorderteil 2 an der Ansatznaht rechts auf rechts zusammennähen. Die Naht von rechts knappkantig absteppen.

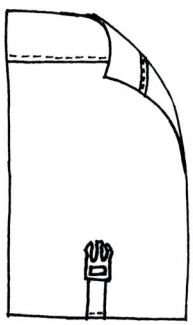

4 Ein 30 cm langes Stück Gurtband zurechtschneiden. Den oberen Teil der Steckschnalle 8 cm weit auf dieses Gurtbandstück fädeln. Das Klettband trennen. Den Flausch- und den Hakenteil jeweils ober- und unterhalb der Steckschnalle auf das Gurtband nähen und schließen.

5 Für die Träger inklusive Henkel ein 1,45 m langes Stück Gurtband zurechtschneiden. Dieses Gurtbandstück, mit den mittleren 30 cm zur Henkelschlaufe gelegt, sowie das 30 cm lange Stück Gurtband mit Steckschnalle gemäß Markierung an der Oberkante von Rückteil 1 auf der rechten Stoffseite innerhalb der Nahtzugabe mit geradem Stich fixieren. Rückteil 1 und Rückteil 2 rechts auf rechts an der Ansatznaht zusammennähen. Das Rückteil wenden und die Naht von rechts doppelt absteppen.

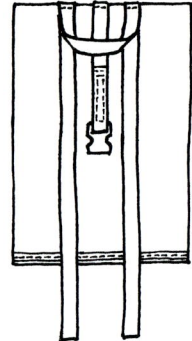

6 Zwei 6 cm lange Stücke Gurtband zurechtschneiden. Die Gurtbandstücke jeweils auf den Mittelsteg einer Leiterschnalle fädeln und zur Schlaufe legen. Die Schlaufen gemäß Markierung auf der rechten Stoffseite der Dreiecke innerhalb der Nahtzugabe mit geradem Stich fixieren. Die Dreiecke rechts auf rechts mittig falten und an der schmalen Kante zusammensteppen, dabei das Gurtband mitfassen. Die Dreiecke wenden und Naht und Bruchkante knappkantig absteppen. Die Dreiecke gemäß Markierung mit der Spitze nach innen zeigend innerhalb der Nahtzugabe auf der rechten Stoffseite des Rückteils mit geradem Stich fixieren.

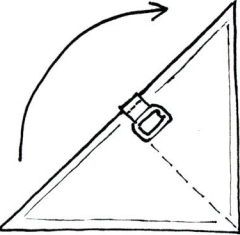

7 Die Paspel gemäß Markierung unten auf die rechte Stoffseite von Rückteil 1 aus Oberstoff 1 steppen.

8 Vorder- und Rückteil aus Oberstoff 1 und 2 rechts auf rechts auf der Paspelnaht zusammennähen. Das Rucksackteil aus Oberstoff mittig falten, sodass die oberen Kanten bündig aufeinanderliegen, und rechts auf rechts zusammennähen, die obere Kante bleibt offen.

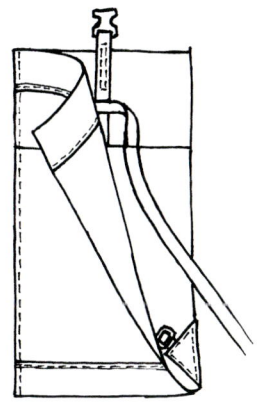

9 Den Rucksack auf rechts wenden und das Futter auf links hineinstecken. Die obere Kante mit Schrägband einfassen, dabei den Außenbeutel und das Futter zusammennähen.

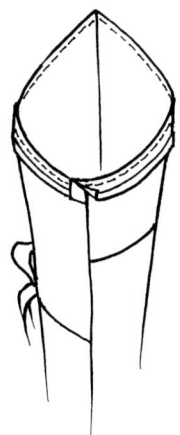

10 Die beiden Träger jeweils in die Leiterschnallen fädeln. Die Trägerenden jeweils 3 cm umschlagen und knappkantig mit Quadrat und Kreuz feststeppen.

WE LOVE KORK!

Mint und Kupfer als attraktive Akzente

SCHWIERIGKEITSGRAD ⊞⊞⊞

GRÖSSE
30 cm x 34 cm

SCHNITTMUSTERBOGEN 1B

MATERIAL

- Oberstoff: Korkstoff in Natur, 140 cm breit, 55 cm
- Futter: Baumwollstoff in Gelb, 140 cm breit, 40 cm
- Vlieseinlage: Vlieseline H 250, 90 cm breit, 35 cm
- Gurtband in Ecru, 25 mm breit, 2,35 m lang
- Kordel in Mint, 5 mm breit, 1,20 m lang
- Paspel in Mint, 4 mm breit, 1,20 m lang

- 2 Leiterschnallen, 25 mm breit
- 2 D-Ringe, 25 mm breit
- 6 Ösen, ø 8 mm
- 1 Magnetknopf, ø 18 mm
- 2 Kordelenden, ø 5 mm
- Textilfarbe in Rosa
- Schwamm

HINWEIS Anstatt Korkstoff können Sie als Oberstoff auch feste Webware, Kunstleder oder Wachstuch verwenden.

ZUSCHNITT

Für Vorder- und Rückteil aus Futterstoff ein Extraschnittmuster aus den entsprechenden Schnittmustern herauskopieren.

Alle Teile mit 1 cm Nahtzugabe zuschneiden, ausgenommen die Schnittteile, deren Maße angegeben sind.

✂ **Oberstoff**

1x Vorderteil

1x Rückteil

2x Seitenteil

1x Klappe (im Stoffbruch)

2x Dreieck für die Trägerhalterung

1x Einfassung für Verschlusslasche, 3 cm x 8 cm

✂ **Futter**

1x Vorderteil

1x Rückteil

2x Seitenteil

✂ **Vlieseinlage**

1x Rückteil

Tolle Idee:
Akzente setzen
mit Futterstoff

Korkstoff mal
anders — dank
Textilfarbe!

ANLEITUNG

1 Alle vier Teile des Futters rechts auf rechts zusammennähen, dabei an einer Seite eine 20 cm lange Wendeöffnung lassen.

2 Das Vorderteil aus Oberstoff mit Hilfe eines Schwamms mit Stoffmalfarbe einstreichen. Trocknen lassen.

3 Die Vlieseinlage gemäß Herstelleranleitung auf die linke Stoffseite des Rückteils aus Oberstoff bügeln.

4 Ein 60 cm langes Stück Gurtband für Verschlusslasche und Henkel zurechtschneiden. Das Gurtband mittig gemäß Markierung auf die Vorderseite der Klappe heften, dabei oben 15 cm und unten 14 cm Gurtband überstehen lassen. Das Band knappkantig rundherum bis jeweils 5 mm vor der Nahtzugabe feststeppen. Die Klappe rechts auf rechts mit innenliegendem Gurtband im Stoffbruch falten und zusammennähen, dabei an einer Seite eine 15 cm lange Wendeöffnung lassen und das Gurtband dabei nicht mitfassen. Die Nahtzugabe auf 3 mm zurückschneiden. Die Klappe wenden, die Rundungen ausmodellieren, die Nahtzugaben an der Wendeöffnung einschlagen und die Klappe rundherum knappkantig absteppen.

5 Die Einfassung für die Verschlusslasche quer links auf links falten, um das untere Gurtbandende legen und im Quadrat knappkantig feststeppen. Den oberen Teil des Magnetknopfes gemäß Herstelleranleitung mittig auf der Oberseite der Einfassung durch Korkstoff und Gurtband anbringen. Die Lasche 4 cm einschlagen, dabei

mit der Magnetknopf auf der Oberseite der Lasche nicht zu sehen ist, und feststeppen. Das Ende des Henkels oben 1,5 cm unter die Klappe schieben und mit Klammern fixieren.

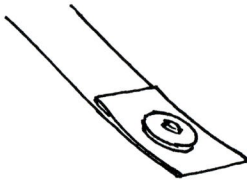

6 Zwei 80 cm lange Stücke Gurtband zurechtschneiden und gemäß Markierung an der Unterseite der Klappe mit Klammern fixieren. Die Klappe mit den darunter fixierten Trägern und dem Henkel (siehe Illustration) knappkantig gemäß Markierung mit doppelter Naht auf die rechte Stoffseite des Rückteils steppen.

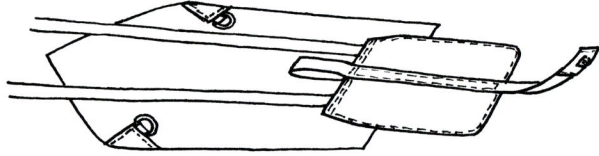

7 Für die Trägerhalterungen zwei 6 cm lange Stücke Gurtband jeweils auf einen D-Ring fädeln und zur Schlaufe legen. Die Schlaufen gemäß Markierung auf der rechten Stoffseite der Dreiecke innerhalb der Nahtzugabe mit geradem Stich fixieren. Die Dreiecke rechts auf rechts mittig falten und an der schmalen Kante zusammensteppen. Dabei das Gurtband mitfassen. Die Dreiecke wenden und die Naht und Bruchkante knappkantig absteppen. Die Dreiecke gemäß Markierung rechts auf rechts mit der Spitze nach innen zeigend seitlich auf der rechten Stoffseite des Rückteils aus Oberstoff 1 innerhalb der Nahtzugabe mit geradem Stich fixieren.

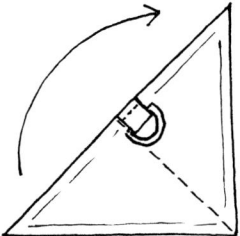 

8 Die Kordel in zwei 70 cm lange Stücke schneiden. Aus einem Rest Oberstoff 1 zwei je 2 cm x 3 cm große Rechtecke zuschneiden. Die beiden Kordelstücke auf der rechten Stoffseite des Rückteils gemäß Markierung oben mit einem Ende anlegen (das andere Ende zeigt nach außen; siehe Detailfoto Seite 24), ein Stoffrechteck links auf rechts daruberlegen, mit Stecknadeln fixieren und rundherum feststeppen, dabei die Kordel mitfassen.

9 Die Paspel rundherum auf die rechte Stoffseite des Vorderteils nähen. Den unteren Teil des Magnetknopfs gemäß Markierung am Vorderteil mit einem Reststück Kork auf der linken Stoffseite zur Verstärkung hinterlegt anbringen.

10 Die Seitenteile aus Oberstoff rechts auf rechts an Vorder- und Rückteil aus Oberstoff nähen, dabei beim Zusammennähen von Vorderteil und Seitenteilen auf der Naht der Paspel steppen.

11 Das Rucksackteil aus Oberstoff mit dem Futterteil rechts auf rechts ineinanderschieben und verstürzen. Den Rucksack wenden. Den Korkstoff gemäß Markierung 4 cm ins Innere des Rucksacks schieben. Die Bruchkante rundherum knappkantig absteppen. Die Nahtzugabe der Wendeöffnung im Futter einschlagen und die Wendeöffnung von rechts knappkantig mit geradem Stich schließen.

12 Die Ösen gemäß Herstelleranleitung und Markierungen durch beide Lagen Korkstoff einschlagen. Die Kordeln durchfädeln. Die Kordelenden auffädeln und die Enden der Kordel verknoten.

13 Je eine Leiterschnalle auf einen Träger ziehen. Die Trägerenden unten durch einen D-Ring fädeln, von unten um den Mittelsteg der Leiterschnalle legen, 1 cm umschlagen und feststeppen.

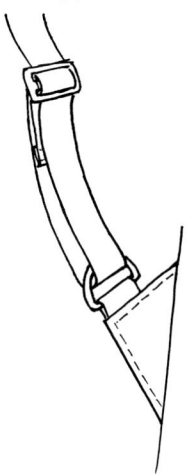

RETRO CHIC

Mit trendiger kupferfarbener Schnalle und Reißverschluss

MATERIAL

- Oberstoff 1: Modestoff in Pink gemustert, 140 cm breit, 45 cm
- Oberstoff 2: Korkstoff in Natur, 140 cm breit, 30 cm
- Futter: Baumwollstoff in Mint, 140 cm breit, 50 cm
- Vlieseinlage: Vlieseline H 250, 90 cm breit, 100 cm
- Reißverschluss in Schwarz, 34 mm breit, 50 cm lang
- Gurtband in Schwarz, 25 mm breit, 40 cm lang
- Gurtband in Schwarz, 40 mm breit, 2,20 m lang
- Paspel in Rosa, 4 mm breit, 2,10 m lang
- Steckschnalle in Kupfer, 25 mm breit
- 2 Leiterschnallen, 40 mm breit
- 2 Vierkantringe, 40 mm breit

HINWEIS Je nach Muster benötigen Sie von Oberstoff 1 ggf. 10-20 cm mehr, um die Teile mit dem passenden Rapport zuzuschneiden. Anstatt Modestoff können Sie als Oberstoff 1 und 2 auch feste Webware, festes Kunstleder oder Wachstuch verwenden.

ZUSCHNITT

Alle Teile inklusive Vlieseinlage mit 1 cm Nahtzugabe zuschneiden.

✂ **Oberstoff 1**
  1x Vorderteil
  1x Rückteil
  2x Seitenteil 1
  2x Reißverschlussblende
  1x Klappe
  2x Dreieck für die Trägerhalterung

✂ **Oberstoff 2**
  1x Boden
  1x Klappe
  2x Seitenteil 2
  1x Riegel
  1x Innentasche

✂ **Futter**
  2x Futterteil
  2x Seitenteil 3
  2x Reißverschlussblende

✂ **Vlieseinlage**
  1x Vorderteil
  1x Rückteil
  1x Boden
  2x Seitenteil 1
  2x Seitenteil 2
  2x Reißverschlussblende
  1x Klappe

Alles sicher verstaut dank Innentaschen

Paspeln sorgen
für zusätzliche
Akzente

ANLEITUNG

1   Die Vlieseinlage gemäß Herstelleranleitung auf die linke Stoffseite der entsprechenden Teile aus Oberstoff bügeln, ausgenommen die Klappe aus Oberstoff 2.

2   Seitenteile 1 und 2 aus Oberstoff jeweils an der Teilungsnaht rechts auf rechts zusammennähen.

3   Für die untere Verschlusslasche ein 30 cm langes Stück Gurtband (25 mm breit) zurechtschneiden, 14 cm weit auf den unteren Teil der Steckschnalle fädeln und zur Schlaufe legen. Das vordere Ende des Gurtbands 3 cm einschlagen und mit einem Quadrat und Kreuz feststeppen. Das Gurtband mittig an der Unterkante auf der rechten Stoffseite des Vorderteils aus Oberstoff 1 innerhalb der Nahtzugabe mit geradem Stich fixieren.

4   Das Vorderteil aus Oberstoff 1 und den Boden rechts auf rechts zusammennähen, dabei das Gurtband mitfassen. Ein 1,35 m langes Stück Paspel zurechtschneiden und rundherum rechts auf rechts auf die Kanten von Vorderteil und Boden nähen; die untere Kante des Bodens bleibt dabei frei.

5   Die Abnäher der Klappenteile aus Oberstoff 1 und 2 nähen und nach unten bügeln. Ein 70 cm langes Stück Paspel zurechtschneiden und rechts auf rechts rundherum auf die untere und die seitlichen Kanten der Klappe nähen. Ein 10 cm langes Stück Gurtband (25 mm breit) zurechtschneiden, in den oberen Teil der Steckschnalle fädeln und zur Schlaufe legen. Die Schlaufe gemäß Markierung auf die rechte Stoffseite der Klappe aus Oberstoff 2 innerhalb der Nahtzugabe mit geradem Stich fixieren.

6   Beide Klappenteile rechts auf rechts auf der Paspelnaht zusammennähen, dabei das Gurtband mitfassen und an der oberen Kante eine 15 cm lange Wendeöffnung lassen. Die Nahtzugabe an den Rundungen bis knapp vor die Naht zurückschneiden. Die Klappe wenden und die Rundungen ausmodellieren.

7   Von dem 40 mm breiten Gurtband ein 2 m langes Stück für die Träger inklusive Henkel zurechtschneiden. Das Gurtband mittig längs falten und auf einer Länge von 20 cm zusammensteppen. Die Klappe mit eingelegter Nahtzugabe an der Wendeöffnung und darüber das Gurtband mit einer 30 cm langen Henkelschlaufe gemäß Markierung an der Oberkante auf der rechten Stoffseite des Rückteils aus Oberstoff mit geradem Stich fixieren.

8   Die Nahtzugaben des Riegels auf links bügeln und diesen gemäß Markierung ringsherum mit doppelter Naht auf das Rückteil aus Oberstoff 1 steppen, dabei die Klappe und das Gurtband mitfassen.

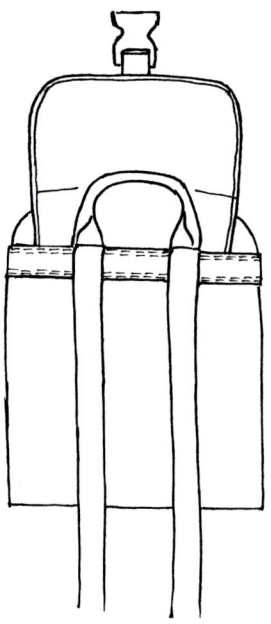

9 Für die Trägerhalterungen zwei 8 cm lange Stücke Gurtband zurechtschneiden, jeweils auf einen Vierkantring fädeln und zur Schlaufe legen. Die Schlaufen gemäß Markierung auf der rechten Stoffseite der Dreiecke innerhalb der Nahtzugabe mit geradem Stich fixieren. Die Dreiecke rechts auf rechts mittig falten und an der schmalen Kante zusammensteppen. Dabei das Gurtband mitfassen. Die Dreiecke wenden und die Naht und Bruchkante knappkantig absteppen. Die Dreiecke gemäß Markierung rechts auf rechts mit der Spitze nach innen zeigend seitlich auf der rechten Stoffseite des Rückteils aus Oberstoff 1 innerhalb der Nahtzugabe mit geradem Stich fixieren.

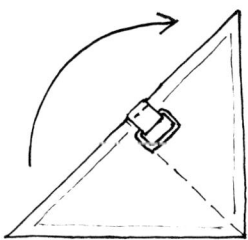 

10 Rückteil und Boden aus Oberstoff rechts auf rechts zusammennähen.

11 Die Nahtzugaben der Innentasche aus Oberstoff 2 umbügeln und die Oberkante knappkantig absteppen. Die Falten in Pfeilrichtung einlegen und die Innentasche mittig 15 cm von der Oberkante entfernt knappkantig auf die rechte Stoffseite eines Futterteils steppen, dabei die eingelegte Falte an der unteren Kante mitfassen. Die Futterteile an der unteren Kante rechts auf rechts zusammennähen.

12 Je eine der Reißverschlussblenden aus Oberstoff 1 und Futterstoff rechts auf rechts legen. Den Reißverschluss jeweils ganz dazwischen legen und eine Kante nach der anderen einnähen. Die Blenden links auf links wenden und die Nähte von rechts knappkantig absteppen. Die Seitenteile aus Ober- und Futterstoff rechts auf rechts legen. Die Schmalseiten der Reißverschlussblende nacheinander zwischen die Lagen schieben und bis vor die Nahtzugabe zusammennähen. Die Nähte von rechts knappkantig bis vor die Nahtzugabe absteppen.

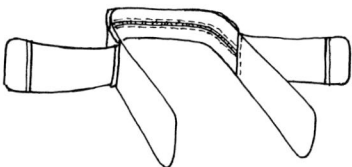

13 Das Futterteil mit der Reißverschlussblende und den angenähten Seitenteilen rechts auf rechts ringsherum zusammennähen, dabei an einer Seite eine 30 cm lange Wendeöffnung lassen.

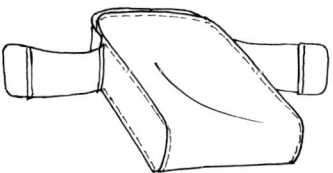

14 Den Reißverschluss zum späteren Wenden der Arbeit öffnen. Alle Teile aus Oberstoff ringsherum rechts auf rechts zusammennähen. Den Rucksack wenden. Die Nahtzugaben an der Wendeöffnung im Futter einschlagen und die Wendeöffnung von rechts knappkantig mit geradem Stich schließen.

15 Die Träger jeweils zunächst auf eine Leiterschnalle und anschließend durch einen Vierkantring fädeln. Die Trägerenden zum Schluss von unten um den Mittelsteg der Leiterschnalle legen, 1 cm umschlagen und feststeppen.

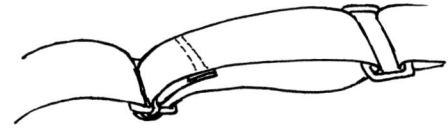

PERFEKT FÜR JEDEN TAG

Alles im Blick dank Netzstoff

SCHWIERIGKEITSGRAD ⊞⊞⊞

GROSSE
30 cm x 40 cm

SCHNITTMUSTERBOGEN 1B

MATERIAL

- Oberstoff 1: Outdoorstoff in Mint, 140 cm breit, 75 cm
- Oberstoff 2: Netzstoff in Khaki, 35 cm x 20 cm
- Futter: Baumwollstoff in Rosa, 140 cm breit, 75 cm
- Vlieseinlage 1: Vlieseline H 250, 90 cm breit, 45 cm
- Vlieseinlage 2: Style-Vil Polstereinlage, 90 cm breit, 35 cm
- Reißverschluss in Grau, 34 mm breit, 30 cm lang

- Reißverschluss in Grau, 34 mm breit, 60 cm lang
- Gurtband in Mint, 25 mm breit, 1,70 m lang
- Paspel in Rosa, 4 mm breit, 1,30 m lang
- 2 Leiterschnallen, 25 mm breit
- 2 D-Ringe, 25 mm breit
- 1 KamSnap in Rosa Ø 12,4 mm

HINWEIS Anstatt Outdoorstoff können Sie als Oberstoff 1 auch feste Webware, Wachstuch oder Korkstoff verwenden.

ZUSCHNITT

Alle Teile inklusive Vlieseinlagen mit 1 cm Nahtzugabe zuschneiden, ausgenommen die Schnittteile, bei denen die Maße angegeben sind.

✂ **Oberstoff**
1x Vorderteil
1x Rückteil
2x Reißverschlussblende
1x Seitenteil (im Stoffbruch)
2x Dreieck für Trägerhalterung
2x Zuschnitt Reißverschlusseinfassung Vordertasche, 3 cm x 6 cm
2x Streifen für die Träger, 10 cm x 50 cm
2x Zuschnitt für den Henkelclip, 4 cm x 12 cm

✂ **Oberstoff 2**
1x Vordertasche

✂ **Futter**
1x Vorderteil
1x Rückteil
1x Seitenteil
2x Reißverschlussblende

✂ **Vlieseinlage 1**
1x Vorderteil
1x Seitenteil (im Stoffbruch)

✂ **Vlieseinlage 2**
1x Rückteil
2x Träger 3,5 cm x 47 cm

Gepolsterte Träger schonen die Schultern.

Nie wieder lästiges
Wühlen und Kramen.

ANLEITUNG

1 Die Schnittteile aus Vlieseinlage 1 gemäß Herstelleranleitung auf die linke Stoffseite von Vorder- und Seitenteil aus Oberstoff 1 bügeln. Die Polstereinlage innerhalb der Nahtzugabe auf die linke Stoffseite des Rückteils aus Oberstoff steppen.

2 Für die Vordertasche die Zuschnitte für die Reißverschlusseinfassung quer mittig falten, ggf. bügeln. Wieder aufklappen und an der Bruchkante rechts auf rechts auf die Enden des kurzen Reißverschlusses steppen. Die Rechtecke entlang der Naht wieder links auf links falten und den Reißverschluss mitsamt den Einfassungen mit einer der langen Kante rechts auf rechts an die Oberkante der Vordertasche aus Netzstoff nähen. Die andere lange Kante rechts auf rechts gemäß Markierung auf das Vorderteil aus Oberstoff nähen. Die Vordertasche an den Seiten und unten innerhalb der Nahtzugabe auf die rechte Stoffseite des Vorderteils steppen. Die Paspel rundherum auf die rechte Stoffseite des Vorderteils bzw. der Vordertasche steppen (siehe Illustration Schritt 3).

3 Für die Henkel ein 58 cm und 30 cm langes Stück Gurtband zurechtschneiden. Die Stücke jeweils längs falten und mittig auf einer Länge von 14 cm zusammennähen. Beide Enden des 58 cm langen Henkels 2 cm einschlagen und gemäß Markierungen mit Rechteck und Kreuz auf das Vorderteil steppen.

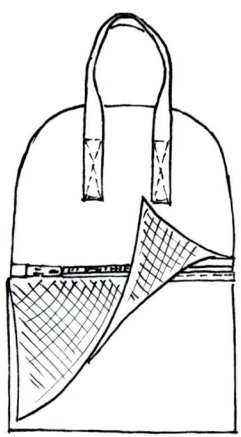

4 Zwei je 8 cm lange Stücke Gurtband zurechtschneiden, in jeweils einen D-Ring fädeln und zur Schlaufe legen. Die Schlaufen gemäß Markierung auf der rechten Stoffseite der Dreiecke innerhalb der Nahtzugabe mit geradem Stich fixieren. Die Dreiecke rechts auf rechts mittig falten und an der schmalen Kante zusammensteppen. Dabei das Gurtband mitfassen. Die Dreiecke wenden und die Naht und Bruchkante knappkantig absteppen. Die Dreiecke gemäß Markierung rechts auf rechts mit der Spitze nach innen zeigend seitlich auf der rechten Stoffseite des Rückteils aus Oberstoff 1 innerhalb der Nahtzugabe mit geradem Stich fixieren (siehe auch Illustration Schritt 7).

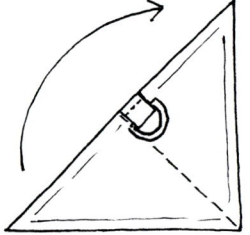 

5 Die Streifen für die Träger an der unteren Kante 1 cm einschlagen, rechts auf rechts der Länge nach falten und an der langen Kante zusammennähen. Wenden und die Streifen für die Träger aus Vlieseinlage 2 bis 2 cm vor dem oberen Ende in die Träger einziehen.

6 Zwei 40 cm lange Stücke Gurtband zurechtschneiden, 2 cm weit in die untere Öffnung der Träger schieben und knappkantig feststeppen. Die Träger einmal der Länge nach mittig absteppen.

7 Die Träger und darüber den 30 cm langen Henkel gemäß Markierung innerhalb der Nahtzugabe oben auf der rechten Stoffseite des Rückteils mit geradem Stich fixieren.

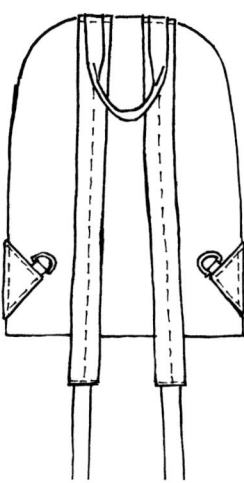

10 Die Seitenteile aus Oberstoff 1 und Futterstoff rechts auf rechts legen. Die Schmalseiten der Reißverschlussblende nacheinander zwischen die Lagen schieben und bis vor die Nahtzugabe zusammennähen. Den Reißverschluss dabei mitfassen.

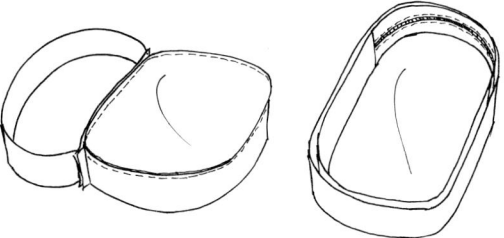

8 Je eine Leiterschnalle auf einen Träger ziehen. Die Trägerenden jeweils durch einen D-Ring fädeln, von unten um den Mittelsteg der Leiterschnalle legen, 3 cm umschlagen und knappkantig rundherum und mit einem Kreuz feststeppen.

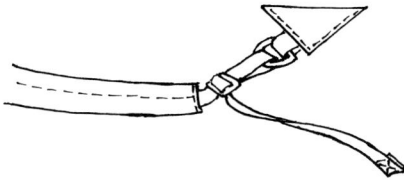

11 Vorder- und Rückteil zunächst aus Futter-, dann aus Oberstoff jeweils rechts auf rechts mit dem entsprechenden Ring aus Seitenteil und Reißverschlussblende zusammennähen. Dabei den Reißverschluss für das spätere Wenden 15 cm weit öffnen, beim Vorderteil aus Oberstoff auf der Naht der Paspel nähen und im Futter an einer Seite eine 20 cm lange Wendeöffnung lassen. Den Rucksack wenden. Die Nahtzugaben der Wendeöffnung einschlagen und die Wendeöffnung von rechts knappkantig mit geradem Stich schließen.

9 Je eine der Reißverschlussblenden aus Oberstoff 1 und Futterstoff rechts auf rechts legen. Den 60 cm langen Reißverschluss jeweils ganz dazwischen legen und eine Kante nach der anderen einnähen. Die Blenden links auf links wenden und die Nähte von rechts knappkantig absteppen.

12 Die beiden Zuschnitte für den Henkel-Clip rechts auf rechts knappkantig zusammennähen, dabei an einer Seite eine 4 cm lange Wendeöffnung lassen. Den Clip wenden, die Nahtzugabe an der Wendeöffnung einschlagen und den Clip rundherum knappkantig absteppen. Oben und unten je 1,5 cm vom Rand entfernt mittig die Teile des Druckknopfes gemäß Herstelleranleitung anbringen. Den fertigen Clip um die Henkel legen und schließen.

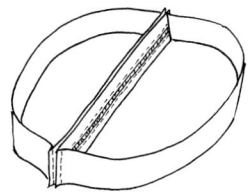

TO COOL FOR SCHOOL

Darüber freut sich jedes Kind

SCHWIERIGKEITSGRAD ⊕ ⊕ ⊕

GRÖSSE
27 cm x 23 cm

SCHNITTMUSTERBOGEN 2A

MATERIAL

- Oberstoff 1: SnapPap in Schwarz, 150 cm breit, 30 cm (alternativ A3-Bogen)
- Oberstoff 2: SnapPap in Hellbraun, 150 cm breit, 30 cm
- Oberstoff 3: Baumwollstoff in Blau gemustert, 140 breit, 30 cm
- Gurtband, 25 mm breit in Mint, 1,85 m lang
- Schrägband in Mint, 13 mm breit, 95 cm lang
- 2 Leiterschnallen, 25 mm breit
- Steckschloss, 35 mm breit

HINWEIS SnapPap kann mit Kreide bemalt werden. Anstatt SnapPap können Sie als Oberstoff auch festes Kunstleder, Wachstuch oder Korkstoff verwenden. Die Kindermappe kann zur Schultertasche für Erwachsene umfunktioniert werden, indem Sie die Träger nach oben durch den Riegel ziehen.

ZUSCHNITT

Alle Schnittteile enthalten bereits eine Nahtzugabe von 1 cm.

Die Innentasche als Extraschnittteil aus dem Schnittteil des Vorderteils herauskopieren.

✄ Oberstoff 1

  1x Rückteil mit Klappe

  1x Riegel

✄ Oberstoff 2

  1x Vorderteil

  1x Seitenteil (im Stoffbruch)

  2x Rechteck für die Trägerenden, 3 cm x 6 cm

✄ Oberstoff 3

  1x Innentasche

Innentasche mit coolem Weltraumprint

Platz für
allerhand
Schabernack

ANLEITUNG ∿∿∿∿∿∿∿∿∿∿∿∿∿∿∿∿∿∿∿∿∿∿∿∿∿

HINWEIS Die Teile aus SnapPap nach dem Zuschnitt unmittelbar vor der Verarbeitung in der Waschmaschine ohne Waschmittel im Programm „Spülen + Schleudern" waschen. Danach ist das Material geschmeidig und lässt sich leichter verarbeiten als in trockenem, starrem Zustand. Verarbeiten Sie das SnapPap also, solange es feucht ist. Die Tasche nach der Fertigstellung an den Trägern zum Trocknen aufhängen.

1 Ein 62 cm langes Stück Schrägband zurechtschneiden. Die Enden 1,5 cm einschlagen und die Klappe gemäß Markierung damit einfassen. Das obere Teil des Steckschlosses gemäß Markierung anbringen.

2 Den Riegel gemäß Markierung auf die rechte Stoffseite des Rückteils steppen. Dabei die Öffnungen freilassen, durch die in Schritt 6 das Gurtband gefädelt wird. Zwei 6 cm lange Stücke Gurtband zurechtschneiden. Die Gurtbandstücke jeweils um den Mittelsteg einer Leiterschnalle fädeln, zur Schlaufe legen und gemäß Markierung auf der rechten Stoffseite des Rückteils mit Klammern fixieren.

3 Ein 29 cm langes Stück Schrägband zurechtschneiden. Die Innentasche aus Oberstoff 3 an der oberen Kante damit einfassen. Die Tasche links auf links auf das Rückteil legen und an den Seiten und unten innerhalb der Nahtzugabe mit geradem Stich fixieren, dabei das Gurtband mitfasssen.

4 Die Nahtzugabe des Seitenteils gemäß Markierung für ein leichteres Nähen der Rundungen in Schritt 5 bis kurz vor die Nahtlinie einschneiden. Die Nahtzugaben der oberen Kanten von Seiten- und Vorderteil auf links legen und knappkantig feststeppen.

5 Das Seitenteil rechts auf rechts an Vorder- und Rückteil nähen. Die Nahtzugaben auf 5 mm zurückschneiden. Die Mappe wenden und die Rundungen ausmodellieren. Den unteren Teil des Steckschlosses gemäß Markierung und Herstelleranleitung am Vorderteil befestigen.

6 Ein 1,70 m langes Stück Gurtband für die Träger zurechtschneiden. Die Bandenden durch die Öffnung im Riegel und dann in die Leiterschnallen fädeln. Die Rechtecke für die Trägerenden quer falten, jeweils um die Enden der Träger legen und mit Quadrat und Kreuz feststeppen.

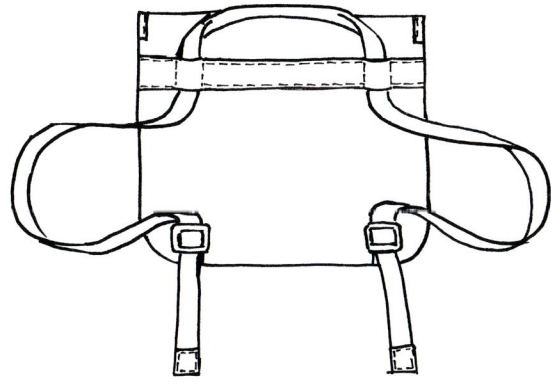

∿∿∿∿∿∿∿∿∿∿∿∿∿∿∿∿∿∿∿∿∿∿∿∿∿∿∿∿∿∿∿∿∿∿∿∿∿∿∿

AUS EINS MACH ZWEI

Schultertasche und Rucksack in einem

SCHWIERIGKEITSGRAD ⊞⊞⊞

GROSSE

40 cm x 45 cm

SCHNITTMUSTERBOGEN 2A

MATERIAL

- Oberstoff 1: fester Modestoff in Grau, 140 cm breit, 50 cm
- Oberstoff 2: Modestoff in Weiß, 140 cm breit, 30 cm
- Futter: Baumwolle in Mint, 140 cm breit, 55 cm
- Vlieseinlage: Vlieseline H 250, 90 cm breit, 80 cm
- Gurtband in Gelb, 40 mm breit, 3,25 m lang
- Schrägband in Weiß, 13 mm breit, 25 cm lang
- Reißverschluss in Gelb, 34 mm breit, 35 cm lang
- Leiterschnalle, 40 mm breit
- 3 Vierkantringe, 40 mm breit
- 2 Nieten, ø 9 mm

HINWEIS Anstatt Modestoff können Sie als Oberstoff 1 und 2 auch Kunstleder, Wachstuch oder Korkstoff verwenden.

ZUSCHNITT

Alle Teile inkl. Vlieseinlage mit 1 cm Nahtzugabe zuschneiden.

✂ **Oberstoff 1**
  1x Vorderteil
  1x Rückteil
  2x Beleg

✂ **Oberstoff 2**
  1x Boden (im Stoffbruch)
  4x Reißverschlussblende

✂ **Futter**
  2x Futterteil
  1x Vordertasche (im Stoffbruch)

✂ **Vlieseinlage**
  1x Vorderteil
  1x Rückteil
  1x Boden (im Stoffbruch)

Dank cleverer Verarbeitung entstehen ruckzuck Taschenhenkel.

Alles schnell
zur Hand!

ANLEITUNG

1 Bei den Reißverschlussblenden die Nahtzugaben der schmalen Kanten auf links bügeln. Je zwei Reißverschlussblenden rechts auf rechts legen, den Reißverschluss jeweils ganz dazwischen legen und eine nach der anderen Kante einnähen. Die Blenden wenden und die Nähte knappkantig von rechts absteppen.

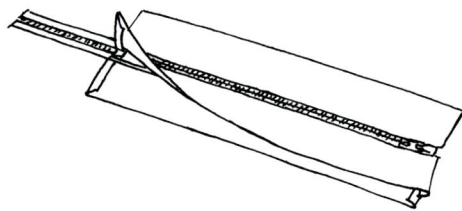

2 Ein 12 cm langes Stück Gurtband zurechtschneiden. Die Enden des Stücks rechts auf rechts zur Schlaufe legen. Das geschlossene Ende des Reißverschlusses 1 cm weit so zwischen das Gurtband legen, dass die Schlaufe in Richtung Reißverschluss zeigt, und mit geradem Stich fixieren. Die Schlaufe wenden und mittig eine Niete gemäß Herstelleranleitung anbringen.

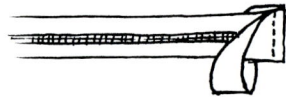

3 Die Belege rechts auf rechts auf die Oberkanten der Futterteile legen, dazwischen mittig je eine Reißverschlussblende schieben und die Lagen zusammennähen.

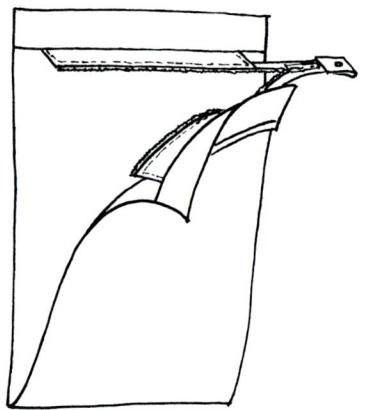

4 Die Futterteile rechts auf rechts zusammennähen, dabei an einer Seite eine 20 cm lange Wendeöffnung lassen. Die Ecken am Boden auseinanderziehen, sodass Seiten- und Bodennaht aufeinanderliegen und ein Dreieck entsteht. 6 cm von der Spitze aus gemäß Markierung im rechten Winkel zu Seiten- und Bodennaht absteppen. Die abgenähten Ecken auf 1 cm zurückschneiden.

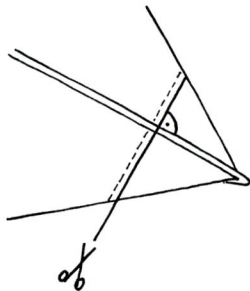

5 Die Vlieseline gemäß Herstelleranleitung auf die linke Stoffseite von Vorder-, Rück- und Bodenteil aus Oberstoff bügeln.

6 Die Vordertasche links auf links zum Quadrat falten und die offene Oberkante mit dem Schrägband einfassen. Die Vordertasche gemäß Markierung knappkantig auf die rechte Stoffseite des Vorderteils aus Oberstoff 1 nähen.

7 Für den vorderen Träger ein 1,35 m langes Stück Gurtband zurechtschneiden und die Enden gemäß Markierung bis 3 cm vor die oberen Nahtzugaben auf das Vorderteil aus Oberstoff 1 steppen, sodass ein Henkel entsteht.

8 Für den hinteren Träger ein 1,50 m langes Stück Gurtband zurechtschneiden und ein Ende gemäß Markierung unten auf der rechten Stoffseite des Rückteils aus Oberstoff 1 innerhalb der Nahtzugabe mit geradem Stich fixieren.

9 Für die Trägerhalterungen drei 8 cm lange Stücke Gurtband zurechtschneiden. Die Stücke jeweils durch einen Vierkantring fädeln und zur Schlaufe legen. Eine der Schlaufen gemäß Markierung unten auf der rechten Stoffseite des Rückteils aus Oberstoff 1 innerhalb der Nahtzugabe mit geradem Stich fixieren. An der Schlaufe mittig eine Niete gemäß Herstelleranleitung anbringen. Die beiden anderen Schlaufen gemäß Markierung an der Oberkante des Rückteils aus Oberstoff 1 auf der rechten Stoffseite innerhalb der Nahtzugabe mit geradem Stich fixieren.

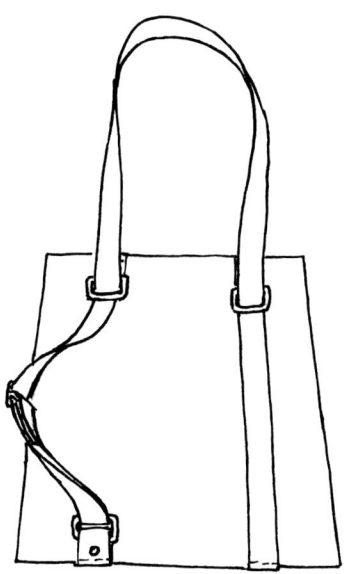

10 Vorder- und Rückteil aus Oberstoff nacheinander rechts auf rechts mit dem Boden zusammennähen, dabei die Träger und die Trägerhalterung aus Gurtband mitfassen. Die Nähte von rechts knappkantig auf dem Bodenteil absteppen.

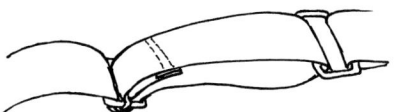

11 Das Rucksackteil aus Oberstoff mittig falten, sodass die oberen Kanten bündig aufeinanderliegen, und rechts auf rechts an den Seiten zusammennähen. Wie in Schritt 4 die Ecken am Boden auseinanderziehen, sodass Seiten- und Bodennaht aufeinanderliegen und ein Dreieck entsteht. 6 cm von der Spitze aus gemäß Markierung im rechten Winkel zu Seiten- und Bodennaht absteppen. Die abgenähten Ecken auf 1 cm zurückschneiden.

12 Die Rucksackteile aus Oberstoff und Futterstoff rechts auf rechts ineinanderschieben und verstürzen. Den Rucksack wenden. Die Oberkante knappkantig von rechts absteppen (siehe Detailfoto Seite 40). Die Nahtzugaben der Wendeöffnung im Futter einschlagen und die Wendeöffnung von rechts knappkantig mit geradem Stich schließen.

13 Den hinteren Träger durch die beiden oberen Vierkantringe fädeln, dann die Leiterschnalle aufziehen. Das Trägerende durch den unteren Vierkantring fädeln, von unten um den Mittelsteg der Leiterschnalle legen, 1 cm umschlagen und feststeppen.

MODERN GLAMOUR

Wow-Effekt durch Glitzer- und Netzstoff in Kombination

SCHWIERIGKEITSGRAD ⊞⊞⊞

GROSSE
38 cm x 46 cm

SCHNITTMUSTERBOGEN 2A

MATERIAL

- Oberstoff 1: Jeansstoff in Dunkelblau, 140 cm breit, 60 cm
- Oberstoff 2: Karnevalsstoff in Grün irisierend, 140 cm breit, 40 cm
- Oberstoff 3: Netzstoff in Dunkelblau, 140 cm breit, 40 cm
- Futter: Baumwollstoff in Khaki, 140 cm breit, 45 cm
- Gurtband in Schwarz, 25 mm breit, 1,80 m lang
- Kordel in Dunkelblau, 5 mm breit, 1,10 m lang
- Paspel in Kaki, 4 mm breit, 40 cm lang
- 2 Leiterschnallen, 25 mm breit
- 2 D-Ringe , 25 mm breit
- Dreiecksschnalle, 40 mm breit
- 2 Kordelenden, ø 5 mm

ZUSCHNITT

Alle Teile mit 1 cm Nahtzugabe zu-schneiden, ausgenommen die Schnitt-teile, deren Maße angegeben sind.

✂ **Oberstoff 1**

1x Rückteil mit Boden

2x Zuschnitt für die Träger-halterung, 5 cm x 16 cm

1x Zuschnitt für die Dreiecks-schnallenhalterung, 8 cm x 10 cm

✂ **Oberstoff 2**

1x Vorderteil 1

✂ **Oberstoff 3**

1x Vorderteil 2

1x Beleg

✂ **Futter**

2x Futterteil

Coole Träger-verarbeitung mit Dreiecksschnalle

Glitzer ist das
neue Schwarz!

ANLEITUNG

1 Die Futterteile rechts auf rechts an den Seiten und am Boden zusammennähen, dabei an einer Seite eine 20 cm lange Wendeöffnung lassen.

2 Die Paspel an der Unterkante des Rückteils aus Oberstoff 1 auf die rechte Stoffseite steppen. Anschließend Vorderteil 1 und 2 aus Oberstoff 2 und 3 übereinander liegend zusammen rechts auf rechts an die Unterkante des Rückteils nähen. Die Oberkante von Oberstoff 2 von rechts mit geradem Stich an Oberstoff 3 fixieren.

3 Die Zuschnitte für die Trägerhalterung längs rechts auf rechts falten und an der langen Kante zusammennähen. Wenden, jeweils auf einen D-Ring fädeln und zur Schlaufe legen. Die Schlaufen bis vor den D-Ring im Rechteck knappkantig zusammensteppen und den D-Ring somit fixieren. Die Halterungen gemäß Markierung seitlich innerhalb der Nahtzugabe auf der rechten Stoffseite des Rückteils mit geradem Stich fixieren.

4 Den Zuschnitt für die Dreiecksschnallenhalterung längs rechts auf rechts falten und an der langen Kante zusammennähen. Wenden, auf die Dreiecksschnalle fädeln und zur Schlaufe legen. Die Halterung gemäß Markierung an der Oberkante des Rückteils innerhalb der Nahtzugabe auf der rechten Stoffseite fixieren. Den Beleg aus Oberstoff 3 darüberlegen und rechts auf rechts an das Rückteil nähen, dabei die Halterung mitfassen.

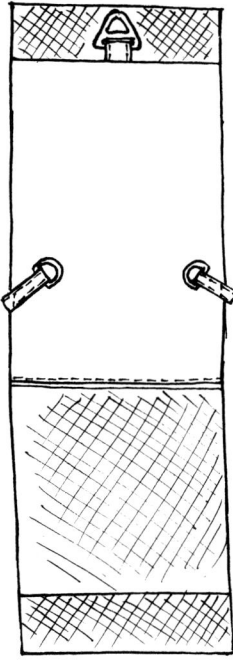

5 Das Rucksackteil aus Oberstoff rechts auf rechts falten, sodass die oberen Kanten bündig aufeinander liegen, und die Seiten zusammennähen. Das Rucksackteil aus Oberstoff und das Futter rechts auf rechts ineinanderschieben, verstürzen und den Rucksack wenden. Den Netzstoff gemäß Markierung 2,5 cm ins Innere des Rucksacks schieben und die Bruchkante rundherum 3 cm vom oberen Rand entfernt absteppen, sodass ein Tunnelzug entsteht (siehe Detailfoto Seite 44). Die Nahtzugabe an der Wendeöffnung im Futter einschlagen und die Öffnung von rechts knappkantig mit geradem Stich schließen.

6 Die Kordel in den Tunnelzug einziehen, beidseitig je ein Kordelende aufziehen und die Enden verknoten.

7 Zwei 90 cm lange Stücke Gurtband zurechtschneiden. Jeweils ein Ende von vorne nach hinten durch die Dreiecksschnalle fädeln, 3 cm umschlagen und feststeppen. Auf jeden Träger eine Leiterschnalle ziehen. Die Trägerenden jeweils durch einen D-Ring fädeln, von unten um den Mittelsteg der Leiterschnalle legen, 1 cm umschlagen und feststeppen.

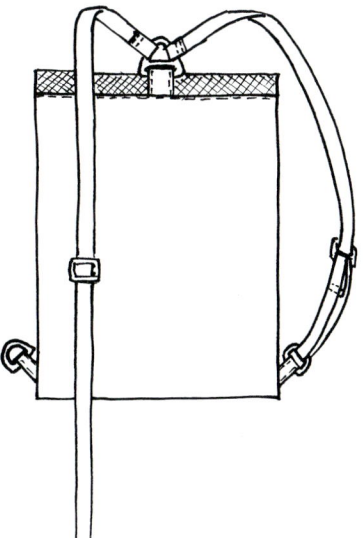

SPORTY FOR YOU

Materialmix, der auch Männern gefällt

SCHWIERIGKEITSGRAD ✦✦✦

GRÖSSE
32 cm x 43 cm

SCHNITTMUSTERBOGEN 2B

MATERIAL

- Oberstoff 1: Kunstleder in Creme, 140 cm breit, 35 cm
- Oberstoff 2: Kunstleder in Rot, 140 cm breit, 35 cm
- Oberstoff 3: feste Webware in Dunkelblau, 140 cm, 60 cm
- Oberstoff 4: Netzstoff in Dunkelblau, 140 cm breit, 30 cm
- Vlieseinlage: Style-Vil Polstereinlage, 90 cm breit, 110 cm
- Reißverschluss in Schwarz, 24 mm breit, 25 cm lang
- Gurtband in Schwarz, 40 mm breit, 2,50 m lang
- Klettband in Schwarz, 35 mm breit, 10 cm lang

- elastisches Einfassband in Dunkelblau, 30 cm lang
- 2 Leiterschnallen, 40 mm breit
- 2 Vierkantringe, 40 mm breit
- 1 Taschenkarabiner, 40 mm breit
- 1 Dreiecksschnalle, 40 mm breit
- 1 Niete, ø 9 mm

HINWEIS Für die Verarbeitung von Kunstleder empfiehlt sich die Nutzung eines Teflonfußes. Alternativ können Sie die Unterseite eines herkömmlichen Nähmaschinenfußes mit Washitape bekleben oder Sie legen vor dem Nähvorgang Seidenpapier auf die Naht. Anstatt Kunstleder können Sie als Oberstoff 1 und 2 auch Wachstuch, feste Webware oder Korkstoff verwenden.

ZUSCHNITT

Alle Teile inkl. Vlieseinlage mit 1 cm Nahtzugabe zuschneiden.

✂ **Oberstoff 1**
1x Vorderteil
1x Rückteil

✂ **Oberstoff 2**
1x Klappe
1x Rückteil
1x Reißverschlussblende
1x Einfassung Gurtband, 4 cm x 8 cm

✂ **Oberstoff 3**
2x Boden
2x Seitenteil 1

✂ **Oberstoff 4**
2x Seitentasche

✂ **Vlieseinlage**
2x Einlagenteil
1x Seitenteil 2 (im Stoffbruch)

Alles Wichtige sicher vor Langfingern verstaut.

Stylisch und dennoch
sportlich — perfekt für
den Alltag

ANLEITUNG

1 Für die Tasche im Rücken das Rückteil aus Oberstoff 1 gemäß Markierung einschneiden und die Kanten 1 cm umbügeln. Gemäß Markierung die Reißverschlussblende auf und den Reißverschluss unter dem Rückteil mit Wondertape fixieren. Alle Lagen zusammen ringsherum von rechts feststeppen (siehe Detailfoto Seite 48).

2 Das Rückteil aus Oberstoff 2 bündig rechts auf links auf das Rückteil aus Oberstoff 2 legen und ringsherum innerhalb der Nahtzugabe festnähen.

3 Für die Trägerhalterungen zwei 8 cm lange Stücke Gurtband zurechtschneiden. Die Stücke jeweils in einen Vierkantring fädeln, zur Schlaufe legen und gemäß Markierung unten auf der rechten Stoffseite des Rückteils aus Oberstoff 1 innerhalb der Nahtzugabe mit geradem Stich fixieren. Das Rückteil aus Oberstoff mit einem Bodenteil aus Oberstoff 3 rechts auf rechts zusammennähen. Dabei die Gurtbänder mitfassen. Die Naht von rechts knappkantig absteppen.

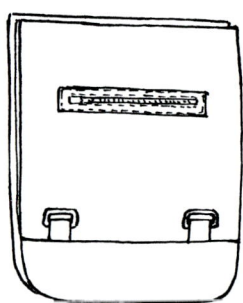

4 Die beiden Klappenteile rechts auf rechts zusammennähen, dabei die obere Kante als Wendeöffnung offen lassen. Die Nahtzugabe an den Rundungen bis vor die Naht zurückschneiden. Die Klappe wenden, die Rundungen ausmodellieren und die Klappe entlang der Naht knappkantig von rechts absteppen.

5 Für die obere Verschlusslasche ein 30 cm langes Stück Gurtband zurechtschneiden. Das obere Ende des Stücks gemäß Markierung auf der Oberseite der Klappe innerhalb der Nahtzugabe mit geradem Stich fixieren. Das Gurtband durch den Ring des Taschenkarabiners fädeln und 4 cm unter die Klappe umschlagen. Das Ende des Gurtbands einmal auf der Steppnaht der Klappe und 3 cm darüber mit geradem Stich feststeppen, um den Taschenkarabiner zu fixieren. Die Niete gemäß Herstelleranleitung mittig zwischen den beiden Nähten anbringen.

6 Für die Träger inklusive Henkel ein 1,82 m langes Stück Gurtband zurechtschneiden. Das Gurtband längs falten und für den Henkel mittig auf einer Länge von 12 cm zusammensteppen. Anschließend das Band gemäß Markierung mit einer 30 cm langen Henkelschlaufe (siehe Illustration zu Schritt 7) an der Unterkante der Klappe auf der rechten Stoffseite innerhalb der Nahtzugabe mit geradem Stich fixieren.

7 Die Klappe gemäß Markierung an der Oberkante rechts auf rechts mit dem Rückteil innerhalb der Nahtzugabe zusammennähen. Dabei das Gurtband mitfassen und die noch offenen Kanten der Klappe schließen.

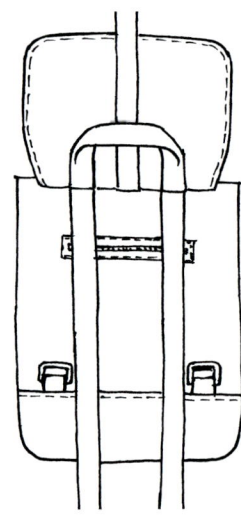

8 Für die untere Verschlusslasche ein 21 cm langes Stück Gurtband zurechtschneiden. Die Dreiecksschnalle 12 cm weit auf das Gurtbandstück fädeln. Das Klettband auf 6,5 cm kürzen und trennen. Den Flausch- und den Hakenteil jeweils ober- und unterhalb der Dreiecksschnalle auf das Gurtband nähen. Die Einfassung für das Gurtband aus Oberstoff 2 quer links auf links falten, das obere Ende des Gurtbands zwischen die Lagen schieben und die Einfassung rundherum knappkantig absteppen. Das Klettband schließen.

9 Das offene Gurtbandende der unteren Verschlusslasche gemäß Markierung unten auf der rechten Stoffseite des Vorderteils aus Oberstoff 1 innerhalb der Nahtzugabe mit geradem Stich fixieren. Das Vorderteil mit einem Bodenteil aus Oberstoff 3 rechts auf rechts zusammennähen. Dabei das Gurtband mitfassen. Die Naht von rechts knappkantig absteppen.

10 Die unteren Ecken der Seitentaschen aus Oberstoff 4 gemäß Markierung rechts auf rechts abnähen und die abgenähten Ecken bis 1 cm vor die Naht abschneiden. Die Tasche wenden. Zwei 14 cm lange Stücke elastisches Einfassband zurechtschneiden und die Oberkanten der Seitentaschen jeweils damit einfassen. Die Seitentaschen an den Unterkanten mit eingeschlagener Nahtzugabe gemäß Markierung links auf rechts auf je ein Seitenteil 1 aus Oberstoff 3 steppen; an den Seiten innerhalb der Nahtzugabe auf dem Seitenteil mit geradem Stich fixieren. Die Seitenteile 1 an den Unterkanten rechts auf rechts zusammennähen und die Nahtzugabe auseinanderbügeln.

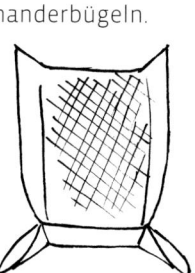

11 Vorder- Rück-, und Seitenteil aus Oberstoff rechts auf rechts zusammennähen, dabei die Seitentaschen mitfassen. Das Rucksackteil wenden.

12 Die beiden Einlagenteile und das Seitenteil aus Vlieseinlage nacheinander rechts auf rechts zusammennähen, dabei an einer Seite eine 30 cm lange Wendeöffnung lassen.

13 Die Rucksackteile aus Oberstoff und Vlieseinlage rechts auf rechts ineinanderschieben und verstürzen, dabei die Klappe und Gurtbänder mitfassen. Den Rucksack wenden. Die Naht im Abstand von 1 cm zur Oberkante des Rucksacks absteppen. Die Nahtzugaben der Wendeöffnung in der Vlieseinlage einschlagen und die Wendeöffnung von rechts knappkantig mit geradem Stich schließen.

14 Die Leiterschnallen auf die Träger ziehen. Die Trägerenden Enden durch die Vierkantringe fädeln, von unten um den Mittelsteg der Leiterschnalle legen, 1 cm umschlagen und feststeppen.

ALL THAT GLITTERS

Für durchtanzte Partynächte

SCHWIERIGKEITSGRAD ⊞⊞⊞

GRÖSSE

32 cm x 45 cm

SCHNITTMUSTERBOGEN 2B

MATERIAL

- Oberstoff 1: Kunstleder in Schwarz, 140 cm breit, 50 cm
- Oberstoff 2: Karnevalsstoff in Grün irisierend, 140 cm breit, 30 cm
- Futter: Baumwollstoff in Blau, 140 cm breit, 50 cm
- Vlieseinlage: Vlieseline H 250, 90 cm breit, 50 cm
- Gurtband in Schwarz, 25 mm breit, 2 m lang
- 2 Leiterschnallen, 25 mm breit
- 4 Vierkantringe, 25 mm breit
- Druckknopf, ø 15 mm

HINWEIS Für die Verarbeitung von Kunstleder empfiehlt sich die Nutzung eines Teflonfußes. Alternativ können Sie die Unterseite eines herkömmlichen Nähmaschinenfußes mit Washitape bekleben oder Sie legen vor dem Nähvorgang Seidenpapier auf die Naht.
Anstatt Kunstleder können Sie als Oberstoff 1 auch Wachstuch oder Korkstoff verwenden.

ZUSCHNITT

Alle Teile inkl. Vlieseinlage mit 1 cm Nahtzugabe zuschneiden. Die seitlichen Streifen und die Lasche des Vorderteils 1 (alles außer dem Mittelteil) als Extraschnittteile vom Vorderteil 1 für den Zuschnitt der Vlieseinlage herauskopieren.

✂ **Oberstoff 1**
  1x Vorderteil 1
  1x Rückteil

✂ **Oberstoff 2**
  1x Mittelteil
  1x Lasche

✂ **Futter**
  1x Vorderteil 2
  1x Rückteil

✂ **Vlieseinlage**
  je 1x seitliche Streifen des Vorderteils
  1x Lasche des Vorderteils 1
  1x Rückteil

Versteckter
Glitzer-Akzent

Ungewohnt
und originell —
ein effektvoller
Hingucker.

ANLEITUNG

1 Die Lasche aus Oberstoff 2 rechts auf rechts gemäß Markierung an den oberen Rand des Vorderteils 2 aus Futterstoff steppen. Die Falten am unteren Rand des Vorderteils in Pfeilrichtung einschlagen und auf der linken Stoffseite innerhalb der Nahtzugabe mit geradem Strich fixieren.

2 Vorder- und Rückteil des Futters rechts auf rechts an den Seiten und am Boden zusammennähen, dabei an einer Seite eine 20 cm lange Wendeöffnung lassen. Die Ecken am Boden auseinanderziehen, sodass Seiten- und Bodennaht aufeinanderliegen und ein Dreieck entsteht. 7 cm von der Spitze aus gemäß Markierung im rechten Winkel zu Seiten- und Bodennaht absteppen. Die abgenähten Ecken auf 1 cm zurückschneiden.

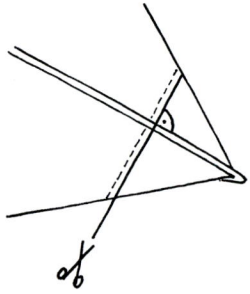

3 Die Vlieseinlage auf die linke Stoffseite der beiden Seitenstreifen und der Lasche des Vorderteils sowie des Rückteils aus Oberstoff bügeln.

4 Das Vorderteil aus Oberstoff 1 innerhalb des markierten Bereichs mit Hilfe eines Rollschneiders waagerecht im Abstand von ca. 1 cm einschneiden.

5 Das Mittelteil aus Oberstoff 2 rechts auf links mit Wondertape auf dem Vorderteil fixieren und so den eingeschnittenen Bereich hinterlegen. Damit die eingeschnittenen Streifen später ein wenig nach unten fallen

und den Blick auf das dahinter liegende Mittelteil freigeben, ist dieses etwas schmaler als das darüber liegende Vorderteil. Daher das Mittelteil beim Fixieren etwas einhalten. Das Mittelteil nun gemäß der Markierung aufsteppen.

6 Die vertikalen Falten des Vorderteils gemäß Markierung in Pfeilrichtung legen und oben und unten mit Klammern fixieren. Die Falten seitlich am Faltenbruch grob heften und von rechts knappkantig absteppen.

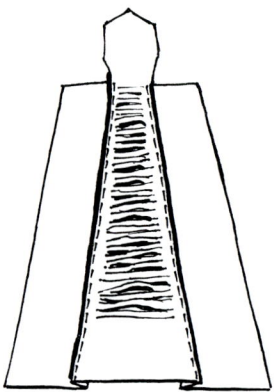

7 Die Kanten der eingelegten Falten zwischen seitlichen Streifen und Mittelteil von links knappkantig längs absteppen. So bleiben die Falten auch bei der späteren Befüllung des Rucksacks stabil.

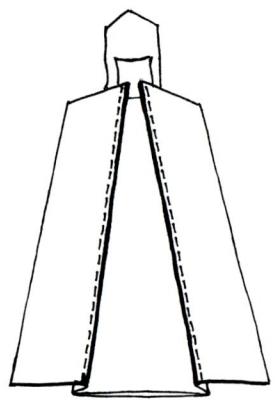

8 Die eingelegten Falten am unteren Rand auf der linken Stoffseite mit geradem Stich innerhalb der Nahtzugabe fixieren.

9 Zwei 80 cm lange Stücke Gurtband für die Träger zurechtschneiden und oben innerhalb der Nahtzugabe gemäß Markierung auf der rechten Stoffseite des Vorderteils mit geradem Stich fixieren.

10 Zwei 11 cm lange Stücke Gurtband zurechtschneiden. Die Stücke jeweils auf einen Vierkantring fädeln. Das vordere Ende mit dem Vierkantring 4 cm, das hintere Ende 1 cm einschlagen. Das Gurtband mit den eingeschlagenen Enden nach unten gemäß Markierung mit einem Rechteck und Kreuz auf die rechte Stoffseite des Rückteils steppen.

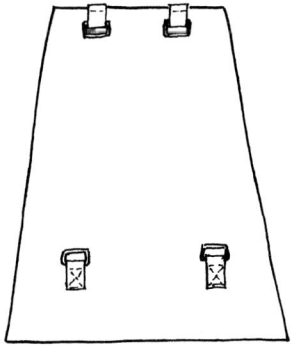

11 Zwei 6 cm lange Stücke Gurtband zurechtschneiden. Die Stücke in auf die beiden übrigen Vierkantringe fädeln und zur Schlaufe legen. Die Schlaufe so knapp wie möglich gemäß Markierung oben innerhalb der Nahtzugabe auf der rechten Stoffseite des Rückteils feststeppen.

12 Vorder- und Rückteil aus Oberstoff rechts auf rechts zusammennähen, die Gurtbänder dabei mitfassen. Die Ecken am Boden auseinanderziehen, sodass Seiten- und Bodennaht aufeinanderliegen und ein Dreieck entsteht. 7 cm von der Spitze aus gemäß Markierung im rechten Winkel zu Seiten- und Bodennaht absteppen. Die abgenähten Enden auf 1 cm zurückschneiden (Illustration siehe Schritt 2).

13 Die Rucksackteile aus Oberstoff und Futterstoff rechts auf rechts ineinanderschieben und verstürzen. Die Nahtzugabe der Lasche bis kurz vor der Naht zurückschneiden und an den Ecken zwischen Vorderteil und Lasche bis kurz vor der Naht einschneiden und ebenfalls zurückschneiden. Den Rucksack wenden und die Ecken der Laschenspitze ausmodellieren. Die Naht der oberen Kante inklusive Lasche ringsherum knappkantig absteppen (siehe Detailfoto Seite 52). Die Nahtzugaben der Wendeöffnung im Futter einschlagen und die Wendeöffnung von rechts knappkantig mit geradem Stich schließen.

14 Die Träger des Vorderteils jeweils zunächst durch die oberen Vierkantringe des Rückteils fädeln. Anschließend eine Leiterschnalle auf die Träger ziehen. Die Trägerenden zum Schluss durch den unteren Vierkantring fädeln, von unten um den Mittelsteg der Leiterschnalle legen, 1 cm umschlagen und feststeppen.

15 Gemäß Herstelleranleitung und Markierungen den oberen Teil des Druckknopfes an der Lasche und den unteren Teil am Rückteil anbringen.

FÜR ALLE LEBENSLAGEN

Geräumiger Rucksack für Sie und Ihn

SCHWIERIGKEITSGRAD ⊞ ⊞ ⊞

GRÖSSE
38 cm x 43 cm (offen 38 x 59 cm)

SCHNITTMUSTERBOGEN 2A + 2B

MATERIAL

- Oberstoff 1: Outdoorstoff in Blau, 140 cm breit, 75 cm
- Oberstoff 2: Outdoorstoff in Grau, 140 cm breit, 65 cm
- Oberstoff 3: Korkstoff in Natur, 140 cm breit, 35 cm
- Futter: Baumwollstoff in Grün, 140 cm breit, 75 cm
- Reißverschluss in Gelb, 34 mm breit, 20 cm lang
- Gurtband in Gelb, 25 mm breit, 55 cm lang
- Gurtband in Gelb, 40 mm breit, 2,25 m lang
- Schieber mit Aufhängung, 25 mm breit
- 2 Leiterschnallen, 40 mm breit

HINWEIS Anstatt Outdoorstoff können Sie als Oberstoff 1 und 2 auch Kunstleder, Wachstuch oder Korkstoff verwenden.

ZUSCHNITT

Alle Teile mit 1 cm Nahtzugabe zuschneiden, ausgenommen die Schnittteile, bei denen die Maße angegeben sind.

✂ **Oberstoff 1**
   2x Seitenteil 1
   1x Vordertasche 1
   1x Vordertasche 2

✂ **Oberstoff 2**
   1x Vorderteil
   1x Rückteil
   2x Beleg 1
   2x Beleg 2
   2x Dreieck für Trägerhalterung

✂ **Oberstoff 3**
   1x Riegel
   2x Einfassung für Reißverschluss, 3 cm x 6 cm
   1x Einfassung für den vorderen Verschluss, 4,5 cm x 5 cm
   1x Einfassung für den hinteren Verschluss, 2,6 cm x 6 cm
   2x Einfassung für die Trägerenden, 4 cm x 8 cm

✂ **Futter**
   2x Futterteil
   2x Seitenteil 2

Gelber Reißverschluss in sportlichem Blau — toller Kontrast!

Praktischer
Begleiter für
Wanderungen!

ANLEITUNG

1 Die Belege 1 jeweils rechts auf rechts an die Oberkanten der Seitenteile 2 aus Futterstoff nähen. Die Seitenteile an den Unterkanten rechts auf rechts zusammennähen und die Nahtzugabe auseinanderbügeln.

2 Die Belege 2 jeweils rechts auf rechts an die Oberkanten der Futterteile nähen. Das Seitenteil aus Futterstoff rechts auf rechts nacheinander an die Futterteile nähen, dabei an einer Seite eine 20 cm lange Wendeöffnung lassen.

3 Die Einfassungen für den Reißverschluss aus Oberstoff 3 quer links auf links falten, ggf. bügeln. Wieder aufklappen und an der Bruchkante rechts auf rechts auf die Enden des Reißverschlusses nähen. Die Rechtecke entlang der Naht wieder links auf links falten.

4 Die Vordertaschenteile 1 und 2 rechts auf rechts jeweils an einer Seite des Reißverschlusses annähen, dabei die Einfassungen aus Oberstoff 3 mitfassen. Die Nähte von rechts knappkantig absteppen (siehe Detailfoto Seite 56).

5 Für den vorderen Verschluss von dem 25 mm breiten Gurtband ein 23 cm langes Stück zurechtschneiden. Die Einfassung für den vorderen Verschluss aus Oberstoff 3 um das untere Gurtbandende legen und im Rechteck knappkantig feststeppen. Das obere Gurtbandende 4 cm nach hinten umschlagen. Das Gurtband anschließend gemäß Markierung dreimal in jeweils fingerbreiten Schlaufen auf das Vorderteil aus Oberstoff 2 nähen, dabei das obere Gurtbandende mitfassen.

6 Die Vordertasche an der Oberkante gemäß Markierung rechts auf rechts auf das Vorderteil aus Oberstoff 2 nähen. dabei das untere Ende des vorderen Verschlusses und den Reißverschlussbeleg mitfassen. Die Vordertasche umklappen, die Nahtzugabe der Unterkante auf links bügeln und die Unterkante gemäß Markierung auf dem Vorderteil aus Oberstoff 2 feststeppen.

7 Für die Trägerhalterungen zwei 8 cm lange Stücke des 40 mm breites Gurtbands zurechtschneiden. Die Stücke jeweils um den Mittelsteig einer Leiterschnalle fädeln und zur Schlaufe legen. Die Schlaufen gemäß Markierung auf der rechten Stoffseite der Dreiecke innerhalb der Nahtzugabe mit geradem Stich fixieren. Die Dreiecke rechts auf rechts mittig falten und an der schmalen Kante zusammensteppen, dabei das Gurtband mitfassen. Die Dreiecke wenden und die Naht und Bruchkante knappkantig absteppen. Die Dreiecke gemäß Markierung unten rechts auf rechts mit der Spitze nach innen zeigend innerhalb der Nahtzugabe auf der rechten Stoffseite des Rückteils aus Oberstoff mit geradem Stich fixieren.

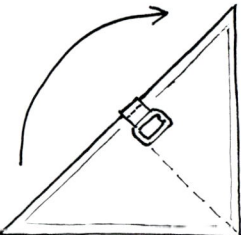 

8 Für die Träger von dem 40 mm breiten Gurtband zwei 85 cm lange Stücke und für den Henkel ein 34 cm langes Stück zurechtschneiden. Den Henkel längs falten und mittig auf einer Länge von 15 cm zusammensteppen.

9 Für den hinteren Verschluss von dem 25 mm breiten Gurtband ein 28 cm langes Stück Gurtband zurechtschneiden. Die Einfassung für den hinteren Verschluss aus Oberstoff 3 quer links auf links falten, um das Gurtbandende legen und im Quadrat knappkantig feststeppen. Den Schieber mit Aufhängung auf das Gurtband fädeln. Den Henkel, darüber die Träger und dazwischen den Verschluss gemäß Markierung auf der rechten Stoffseite des Rückteils aus Oberstoff 2 mit geradem Stich fixieren.

10 Die Nahtzugaben des Riegels auf links bügeln und den Riegel gemäß Markierung rundherum mit doppelter Naht auf das Rückteil aus Oberstoff 2 steppen. Die Gurtbänder dabei mitfassen.

11 Die Seitenteile 1 aus Oberstoff 1 an der Schmalseite rechts auf rechts zusammennähen und die Nahtzugabe auseinanderbügeln. Das Seitenteil rechts auf rechts an Vorder- und Rückteil aus Oberstoff 2 nähen. Dabei die Vordertasche mitfassen. Das Rucksackteil wenden.

12 Die Rucksackteile aus Oberstoff und Futterstoff rechts auf rechts ineinanderschieben und verstürzen. Den Rucksack wenden und die Naht ringsherum knappkantig absteppen. Die Nahtzugaben der Wendeöffnung im Futter einschlagen und die Wendeöffnung von rechts knappkantig mit geradem Stich schließen.

13 Die Träger in die unteren Leiterschnallen fädeln. Die Einfassungen für die Trägerenden quer links auf links falten, jeweils um das Ende eines Trägers legen und im Quadrat knappkantig feststeppen.

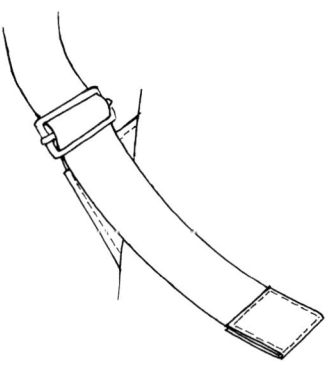

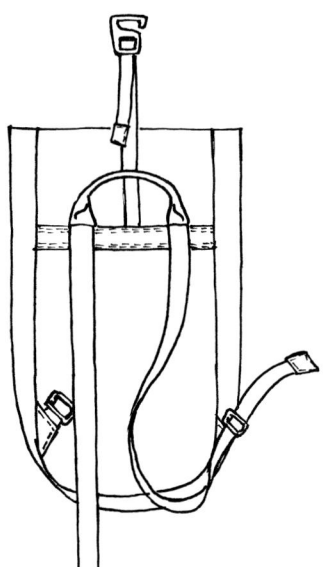

SCHLICHTER EYECATCHER

Quadratisch, praktisch und robust

SCHWIERIGKEITSGRAD ⊞⊞⊞

GROSSE

32 cm x 40 cm

SCHNITTMUSTERBOGEN 2B

MATERIAL

- Oberstoff 1: feste Webware in Dunkelblau, 140 cm breit, 45 cm
- Oberstoff 2: Kunstleder in Creme, 140 cm breit, 85 cm
- Oberstoff 3: Netzstoff in Dunkelblau, 140 breit, 20 cm
- Vlieseinlage: Style-Vil Polstereinlage, 90 cm breit, 90 cm
- Gurtband in Schwarz, 40 mm breit, 3,35 m lang

- Reißverschluss in Schwarz, 34 mm breit, 50 cm lang
- Reißverschluss in Schwarz, 24 mm breit, 18 cm lang
- Schrägband in Rot, 13 mm breit, 2,80 m lang
- 2 Leiterschnallen, 40 mm breit
- 2 Vierkantringe, 40 mm breit
- KamSnap in Schwarz, ø 15 mm
- Vinylfolie in Grau, 3 cm x 10 cm

ZUSCHNITT

Alle Teile inklusive Vlieseinlage mit 1 cm Nahtzugabe zuschneiden, ausgenommen die Schnittteile, deren Maße angegeben sind.

✂ **Oberstoff 1**

1x Vorderteil

1x Rückteil

1x Vordertaschenblende

2x Zuschnitt für Reißverschluss Vordertasche, 3 cm x 8 cm

✂ **Oberstoff 2**

1x Seitenteil (im Stoffbruch)

2x Reißverschlussblende

✂ **Oberstoff 3**

1x Vordertasche

✂ **Vlieseinlage**

1x Vorderteil

1x Rückteil

1x Seitenteil (im Stoffbruch)

2x Reißverschlussblende

Super stabile Träger-verarbeitung!

Für alle, die es
schlichter lieben

ANLEITUNG

1 Für den vorderen Henkel ein 70 cm langes Stück Gurtband zurechtschneiden. Das Band längs falten und mittig auf einer Länge von 12 cm zusammensteppen. Die Enden jeweils 7 cm einschlagen und das Gurtband gemäß Markierung auf der rechten Stoffseite des Vorderteils aus Oberstoff 1 knappkantig mit Rechteck und Kreuz feststeppen.

2 Die Zuschnitte für den Reißverschluss (Vordertasche) aus Oberstoff 1 quer links auf links falten, ggf. bügeln. Wieder aufklappen und an der Bruchkante rechts auf rechts auf die Enden des kurzen Reißverschlusses nähen. Die Rechtecke entlang der Naht wieder links auf links falten. Eine Hälfte des Reißverschlusses gemäß Markierung rechts auf rechts mit der Vordertaschenblende zusammennähen. Die andere Hälfte des kurzen Reißverschlusses mit der Vordertasche aus Oberstoff 3 rechts auf rechts zusammennähen. Die Vordertaschenblende gemäß Markierung 2 cm links auf links umschlagen, sodass der Reißverschluss verdeckt ist. Die Bruchkante bügeln und 2,5 cm oberhalb der Kante feststeppen.

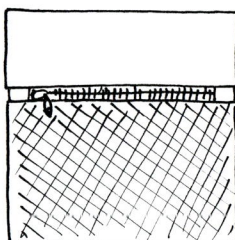 

3 Die beiden oberen Ecken der Vordertaschenblende gemäß Markierung rechts auf rechts abnähen und die abgenähten Enden nach oben einschlagen. Die beiden unteren Ecken der Vordertasche wie in Schritt 3 abnähen und die abgenähten Enden auf 1 cm zurückschneiden.

4 Die Vordertasche mit eingelegter Nahtzugabe auf der rechten Stoffseite des Vorderteils aus Oberstoff 1 mit Nadeln fixieren und gemäß Markierung ringsherum knappkantig aufsteppen.

5 Für die Träger inklusive Henkel ein 2,40 m langes Stück Gurtband zurechtschneiden. Das Band längs falten und für den Henkel mittig auf einer Länge von 12 cm zusammensteppen. Das Gurtband mit einer 70 cm langen Henkelschlaufe (siehe Detailfoto Seite 60) doppelt legen und gemäß Markierung mit Rechteck und Kreuz auf der rechten Stoffseite des Rückteils aus Oberstoff 1 feststeppen.

6 Für die Trägerhalterungen zwei 12 cm lange Stücke Gurtband zurechtschneiden. Die Stücke auf einen Vierkantring fädeln, zur Schlaufe legen und gemäß Markierung seitlich im 45-Grad-Winkel auf der rechten Stoffseite des Rückteils aus Oberstoff 1 innerhalb der Nahtzugabe mit geradem Stich fixieren.

7 Je eine Reißverschlussblende aus Oberstoff 2 und Vlieseinlage rechts auf rechts legen. Den Reißverschluss jeweils ganz dazwischen legen und eine nach der anderen Kante einnähen. Die Blenden links auf links wenden und die Nähte von rechts knappkantig absteppen.

8 Vorder-, Rück- und Seitenteil aus Vlieseinlage rundherum innerhalb der Nahtzugabe auf die linke Stoffseite der entsprechenden Teile aus Oberstoff 1 und 2 nähen.

9 Reißverschlussblende und Seitenteil aus Oberstoff jeweils an den schmalen Kanten rechts auf rechts zusammennähen und so zum Ring schließen, dabei die Reißverschlussenden mitfassen.

10 Den Ring aus Seitenteil und Reißverschlussblende jeweils links auf links mit Vorder- und Rückteil zusammennähen. Die Nähte rundherum mit dem Schrägband einfassen, dabei das Schrägband jeweils am Ende 2 cm umbügeln und überlappend mit dem Anfang annähen.

11 Je eine Leiterschnalle auf die Träger ziehen. Die Trägerenden durch die Vierkantringe fädeln, von unten durch den Mittelsteg der Leiterschnalle ziehen, 1 cm umschlagen und feststeppen.

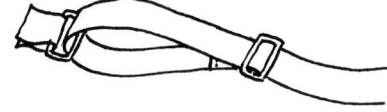

12 Auf dem Stück Vinylfolie mittig jeweils 1,5 cm von den schmalen Kanten entfernt die Teile des KamSnaps gemäß Herstelleranleitung anbringen. Den fertigen Clip um die Henkel legen und schließen.

Über Sandra Bienek und Ina Thelen:

Wir sind begeisterte Selbermacherinnen aus Berlin und seit vier Jahren Kolleginnen im Verkauf eines Geschäfts für Bastelbedarf mit umfangreicher Stoffabteilung. Mitte 2016 entschieden wir uns, unter dem Label **sain** gemeinsam schöne Dinge für den Alltag zu entwerfen. Als Team aus Architektin und Modedesignerin haben wir dabei einen ganz eigenen Stil entwickelt, der auf einem ausgewählten Mix von Farben, Formen und Materialien ohne viel Schnickschnack und bunten Mustern basiert. Geschickt eingearbeitete Details runden das Ganze ab. Als wir uns aus einer Mittagspausenlaune heraus für den TOPP Star Award 2017 des frechverlags bewarben und uns überraschend im Finale wiederfanden, war der Gewinn und die damit verbundene Veröffentlichung unseres ersten eigenen Buches das Letzte, womit wir gerechnet hatten. Daher sind wir sehr stolz auf das Ergebnis, das Sie nun in Ihren Händen halten. Weitere Projekte finden Sie auf Instagram und auf unserem Blog **sainodernichtsain.de**. Hier teilen wir unser kreatives Chaos in den Schaffensphasen und die namensgebenden bodenständigen Endergebnisse mit Ihnen.

Wir danken den folgenden Firmen für ihre Unterstützung: Snaply GmbH (www.snaply.de) und Rico Design GmbH & Co. KG (www.rico-design.de)

Hilfestellung zu allen Fragen, die Anleitungen, Materialien und Kreativbücher betreffen: Frau Erika Noll berät Sie. Rufen Sie an: 05052/911858* *normale Telefongebühren

FOTOS: frechverlag GmbH, 70499 Stuttgart; lichtpunkt, Michael Ruder, Stuttgart

PRODUKTMANAGEMENT: Lisa-Marie Weigel

LEKTORAT: Christine Schlitt, Worms

GESTALTUNG: Petra Theilfarth

DRUCK: Finidr s.r.o., Tschechische Republik

Materialangaben und Arbeitshinweise in diesem Buch wurden von den Autorinnen und den Mitarbeitern des Verlags sorgfältig geprüft. Eine Garantie wird jedoch nicht übernommen. Autorinnen und Verlag können für eventuell auftretende Fehler oder Schäden nicht haftbar gemacht werden. Das Werk und die darin gezeigten Modelle sind urheberrechtlich geschützt. Die Vervielfältigung und Verbreitung ist, außer für private, nicht kommerzielle Zwecke, untersagt und wird zivil- und strafrechtlich verfolgt. Dies gilt insbesondere für eine Verbreitung des Werkes durch Fotokopien, Film, Funk und Fernsehen, elektronische Medien und Internet sowie für eine gewerbliche Nutzung der gezeigten Modelle. Bei Verwendung im Unterricht und in Kursen ist auf dieses Buch hinzuweisen.

1. Auflage 2018

© 2018 frechverlag GmbH, Turbinenstraße 7, 70499 Stuttgart

ISBN 978-3-7724-8123-9 • Best.-Nr. 8123